多摩のまち
自転車探検

斉藤円華
SAITOH Madoka

多摩のまち　自転車探検／目次

Contents

イントロダクション……4

ジブリの風景

❶東村山に「トトロの森」を訪ねる……6
❷聖蹟桜ヶ丘で「耳をすませば」……12
❸「トトロの住む家」を探して……18
コラム❶……24
多摩発・超軽量折りたたみ自転車「YS-11」

自然と歴史

❹源流をめざせ！玉川上水①……26
❺源流をめざせ！玉川上水②……32
❻小川分水をたどってみよう……38
❼河口をめざせ！野川を走る……44
❽新選組ゆかりの地を駆ける……50
❾小野路の里山を走る……56
コラム❷……62
スポーツサイクルの世界へようこそ①

小説・映画

❿「転々」気分で自転車探検……64
⓫ユーミンが唄った立川……70
⓬福生の街は『風味絶佳』？……76

⑬中央線とおコブさま……82
コラム③……88
スポーツサイクルの世界へようこそ②

基地と戦跡

⑭中島飛行機の残影をたどる……90
⑮おびただしい銃弾の痕に戦慄……96
⑯巨大な基地と「戦車道路」……102
⑰住宅地に謎のアンテナ……108
⑱米軍基地が守る？ 多摩の森……114
コラム④……120
歩道を走っていませんか？
自転車は車道通行が原則

多摩点描

⑲トンネルを抜けると森の中……122
⑳廃線探訪で「にわか鉄道ファン」……128
㉑武蔵境でワールドツアー……134
㉒岡本太郎は墓碑も爆発だ！……140
㉓裏高尾にトンネルは必要？……146
㉔三億円事件・迷宮の現場へ……152
あとがき……158

イントロダクション　～今、自転車探検が面白い～

本書は、東京西郊に広がる多摩地域をあちこち自転車で探検する本である。ただし、使う自転車は今流行のスポーツサイクルではなく、あえて皆さんが普段使っているシティサイクル、すなわちママチャリだ。その意図は、自転車探検は今ある自転車で十分に楽しめる、という点にある。タイヤに空気を入れ、チェーンに油をさして、サドル（自転車のイス）を高くするだけで、よりラクにペダルが漕げるのだ。

以下に簡単な整備ポイントを示すので、ぜひ試してみてほしい。

・タイヤ…親指で強く押してわずかにへこむ程度（空気圧…3～4気圧）

・チェーン…ペダルを漕いでキシキシいう、または赤く錆びているようであれば、機械油やCR-C556を注油する（浮いてきた汚れをぼろきれでふき取って再度油をさしてあげれば、なおOK）

・サドル…またいだときに両足のつま先が軽くつく程度

これだけで、自転車が劇的にスムーズに走る。3つのポイントに加えて、少し難易度が上がるが、ハンドルをサドルとほぼ同じ高さに調整すれば、理想的な乗車姿勢に近づく。上半身がやや前のめりになって、最初は違和感をおぼえるが、間もなくこの方が疲れにくいことに気づくはずだ。

乗車姿勢が改善されたことで、以前よりもスピードが出やすくなっており、ブレーキワイヤが錆びていると、ブレーキ時にワイヤが切れて事故を起こすことも考えられる。普段自転車の面倒を見ていない人には、この機会に近所の自転車店に整備を依頼することを強くおすすめする。

本書では多摩ならではの面白さという点に注目して、24コースをセレクトした。ぜひ実際に走ってみて「へえ、多摩にもこんな面白い場所があるんだ」と発見していただけたら幸いである。なお、各コースの難易度を次の3段階で表している。
★（コースの距離が15㎞未満で、おおむね平坦）
★★（コースの距離が15㎞以上、または、15㎞未満であっても起伏に富む）
★★★（コースの距離が15㎞以上で、しかも急坂が続く箇所がある）
また、コースの目安として、起点と終点に鉄道の駅を設定することで、大まかに距離感や走りやすさをイメージしてもらえるようにも配慮した。

それでは、魅惑の多摩自転車探検に出発！


【お願い】
・本書で紹介するコースは２００９年12月現在のものであり、実際の道路状況と異なる可能性があります。
・コース走行の際は安全運転にてお願いします。万一の事故に備えて、自転車用ヘルメット等の安全装備の着用をおすすめします。

東村山に「トトロの森」を訪ねる

淵の森～八国山緑地を走る

● 距離：約11km
● 所要時間：約2時間
● 難易度：★

■ みどころ ■
宮崎監督が「となりのトトロ」をイメージした「淵の森」と、映画中に「七国山病院」が登場する八国山緑地。武蔵野の原風景を走る。

久しぶりに「淵の森」に行きたくなった。淵の森は、東村山市と埼玉県所沢市の間を縫うように流れる柳瀬川と、西武池袋線とが交差する場所にある、４６００m^2ほどの小さな森だ。対岸の「八郎山」とともに、一つの里山、小宇宙を形づくっている。

かつて淵の森は半分近くがアスファルトに覆われていて、おもに川沿いの部分が雑木林となっているに過ぎなかった。１９９０年代中頃、ここで開発計画が持ち上がったとき、宮崎駿監督ら住民が「淵の森保全連絡協議会」を立ち上げ、保全活動を行った結果、この森が残ったのである。

アスファルトを剥いだ土の上に里山の苗木を植えるイベントに参加したのが、今から10年ほど前。

淵の森は今、どうなっているのだろうか。

森ができていた

ＪＲ武蔵野線新秋津駅を出発して数分。路地を分け入って現れる大きなマンションの向こうに見えるこんもりとした緑の小山が、淵の森だ。

淵の森の石碑

橋のたもとには「柳瀬川にアユがいます」の立て札が。その下には「第59回柳瀬川クリーン作戦」という張り紙も。天然アユが遡上するのだそうだ。かつて訪れたときは堆積したヘドロがすえた臭いを発していたのに、もうそこまできれいになったのか…と驚く。それよりも、59回も継続して川の清掃を続けてきた地元住民の活動の粘り強さに、ただただ頭が下がる思いだ。

ほぼ10年ぶりの淵の森は、秋の風がそよぐ涼しい森だった。小道がつつましく整備され、その脇には「淵の森」と彫られた石碑がこれも控えめに鎮座する。見ると、どうやら宮崎監督の文字のようだ。石碑にはこう記されている。

「この地を、ふるさとの森として永代にわたり、のこすことになりました。住民の努力と、東村山、所沢両市の英断、全国から寄せられた応援のたまものです。この森がさらに豊かに深く育ち人々の心を支え、木や草、鳥や虫達のすみかとなることを、願ってやみません。

署名が入っていないのが奥ゆかしい。「ふるさとの森を永代にわたり、のこす」という一文に、とても深い智慧を感じ、心が揺さぶられる。汚かった河床も清掃されて、きらきらと輝いている。かつて苗木を植えた一帯は、今や背丈以上に成長し、森に返りつつあった。10年でここまで成長するんだな、と、その時間の厚みを思う。2007年には「八郎山」で開発計画が浮上したが、そのときも「連絡協議会」が中心となって市に保全募金の寄付や陳情を行い、公有地化にこぎつけた。明治以降150年間、ひたすら山を削り護岸を固めてきた日本。さきの政権交代でようやく開発一辺倒の行政も変わろうとしているが、淵の森はそれより10年早く、市民が中心となって森と風景を再生している。ダム工事や宅地開発で揺れる他の地域にとっても、きっといい先例になるだろう。

武蔵野の原風景

淵の森を出て、崖線の縁に沿って西へ走る。崖はそのまま雑木林となっていて、手前は畑と住宅地が広がる。宅地ももとは畑だったのだろう。それを思うとちょっと悲しいが、まだ東京でも(正確には所沢市内だが)こんな風景に出会えるのは嬉しい。路地には旧い蔵や板塀、ホーロー看板も残っている。道端のお地蔵様には赤いよだれかけがかけてあって、大事にされている。映画に出てくるような昭和30年代頃の風景が、まだところどころに残っているのだ。

所沢街道を渡ると左前方に見えるのが都立八国山緑地、「となりのトトロ」の七国山病院のモデルとなった場所だ。ネコバスが駆けてきそうな送電線と鉄塔が八国山に向かってのびる。以前は結核病棟だった白十字病院や新山手病院もあって、宮崎監督がこの風景を見ながらアイデアを練ったのかと考えると楽しい。

緑地は見ての通りの丘陵で、自転車で入るのが難しい（地元の人は押して坂を登っていたけれども）。しかし里山の風景をそのまま残しており、眺めるだけではもったいない。時間が許せば散策してみよう。

緑地の脇を西武西武園線が走るが、単線4両編成でのどか。線路の向こうの北山公園は、すぐとなりの水田と地続きになっている。少し離れた住宅地にも少しだけ田んぼが残る。当日は刈り取った稲を天日で乾燥させる「はさ掛け」をやっていて「ここは本当に東京なのか」と驚いた。

稲を乾かす「はさ掛け」。水田は今にも住宅地に呑み込まれそうだ

すぐ近くの正福寺にも行ってみよう。ここには東京都唯一の国宝である千体地蔵堂がある。国宝といっても屋根に唐風の反りを持った、地味なお堂がぽつんとあるだけだが、それがかえってひなびていて良い。

ここまで走ってきて、風景全体で見ると高層マンションやひしめく建物が目に入ってきて東京だなと思うが、スポットごとにクローズアップすると、「となりのトトロ」に描かれた武蔵野の原風景のディテールがそこかしこに残っている。特に市街地に忽然と現れる里山は、映画を観た人であれば何かしら心を動かされるに違いない。何よりもこの東京の片隅で、市民の手によって里山が再生しているのがいいではないか。

小腹が空いたら北山公園近くの「野口製麺所」で手打ちうどんが食べられる。素うどん一杯が５００円。素朴な味わいが身上だ。

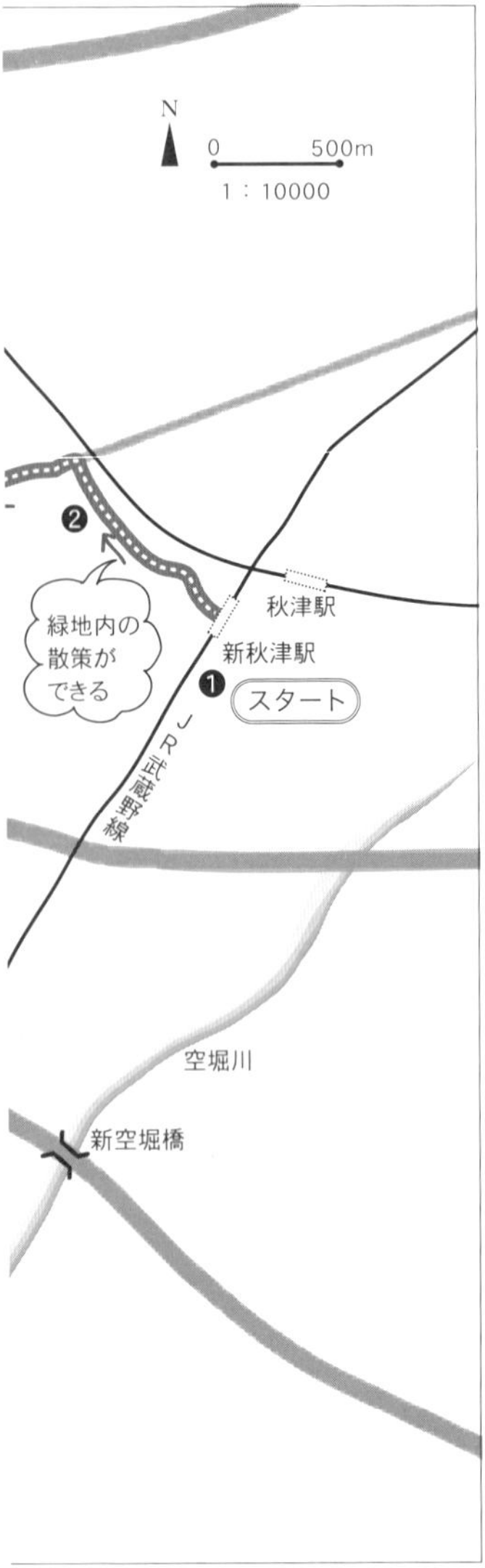

Route ❶新秋津駅→❷淵の森緑地→❸お地蔵様→❹野口製麺所→❺正福寺→❻東村山駅

聖蹟桜ヶ丘で「耳をすませば」

現実と創作の境目を楽しもう

● 距離：約8km
● 所要時間：約2時間
● 難易度：★

■ みどころ ■
映画「耳をすませば」の近藤喜文監督が取材とスケッチに通った聖蹟桜ヶ丘。現実と物語の交差を楽しめる。

多摩とジブリの接点を語る上で、やはり欠かせないのが１９９５年公開の映画「耳をすませば」である。

同じ中学に通い、夢に向かってひたむきに生きる月島雫と天沢聖司の、ピュアで初々しい恋のゆくえ…。映画は若い世代から絶大な支持を得たが、地上波ＴＶの放送を観て「自分の青春はあんなにステキじゃなかった！」と打ちひしがれる人も続出したとかしないとか。それはさておき、「耳をすませば」の舞台が聖蹟桜ヶ丘一帯であったというのは、有名な話だ。

そのまんまじゃないか

何を隠そう私自身、封切り当時映画館で「あんな甘酸っぱい青春を過ごせていれば、自分の人生もっと変わっていただろうに…」と、羨望と悔恨がないまぜになった感情を持て余したひとり。後年多摩に越してからも、聖蹟桜ヶ丘のことがちらちらと頭をよぎっていた。聞けば、映画そのままの風景というではないか。

わざわざ散歩に行くでもなし、とはいえやっぱり一度は見ておきたい…。そんなときに「自転車で行くならいいかも」と思い立った。京王本線聖蹟桜ヶ丘駅。劇中では「京玉線杉の宮駅」として登場する。駅前に立って、のけぞった。「…そのまんまじゃないか！」

劇中、雫が改札口を抜けて父親が勤める丘の上の図書館へと急ぐ場面があるが、改札口付近や、空に浮かぶ京王百貨店の「Ｋｅｉｏ」の看板など、もうまるっきり映画そのままである。映画パンフレットやファンサイトなどで場所や位置関係について事前に把握はしていたが、それにしてもここまで一緒とは。演出を担当した宮崎駿が「ひとつの理想化した出会いに、ありったけのリアリティーを与えた」と語っていたが、徹底していたわけだ。

聖蹟桜ヶ丘駅前の「耳すまマップ」

まだある。川崎街道を渡る横断歩道もそうだし、その先にある大栗川は劇中では「小栗川」として登場。ここから望む桜ヶ丘の風景も映画の雰囲気をよく伝える。さらに橋を渡るとつづら折りの坂と、雫が駆け下りた階段が登場。うわーっ、と思わず声をあげそうになる。映画と違うのは、坂の上に市立図書館がないことくらいか。坂を登り切ったところには杉村が雫に告白した神社まである。

そして極めつけは、眼下に住宅街を見下ろし、遠くまでまっすぐに道がのびていく高台。雫とバロンがラピスラズリの鉱脈を探しに空を駆け上がる名場面が、自分の眼の前にある…。一瞬、空の向こうに空中都市が霞んで見えた(気がした)。

眉間をおさえ、目をしばたかせながら、さらにペダルを漕ぐ。今度は住宅街の真ん中に、映画でも登場するロータリーが見えてきた。さすがに地球屋はないが、ロータリーに面する駐在所はどことなく洋館風だ。

「耳すまサブレー」と近藤喜文

ロータリーに沿って、店舗が数軒あるだけの小さな商店街がある。ここの洋菓子店「ノア」は、映画の風景を訪ねてくる「耳すま詣で」の若者が必ず立ち寄る場所として有名だ。名物はファンなら必ず買っていくという「耳すまサブレー」。店内には主題歌「カントリーロード」がエンドレスで流れ、ファンのために用意された「思い出ノート」は既に20冊以上を数える。私が訪れる直前も、3人連れの若者が店の前のベンチで談笑していた。

映画のシーンそのままの住宅街

店頭には映画のポスターや、近藤喜文監督についての取材記事などが貼ってある。「当時、近藤さんはよく一帯でスケッチしてましたね。この辺の人は、みんな知ってますよ」と語るのは、店主の金子清春さんだ。

　近藤喜文。TVアニメの名作「未来少年コナン」「赤毛のアン」をはじめとして数々の作品に関わった、名アニメーター。その高い作画技術で、スタジオジブリの二枚看板、宮崎駿と高畑勲の後継者と目された人物だ。

　しかし、完成から3年後の1998年、近藤は病により47歳の若さでこの世を去る。「耳すま」は最初で最後の監督作品となった。彼が精魂を傾けてスケッチした「耳をすませば」の世界…。それは大都市近郊のありふれた情景を、こまやかに丁寧に描くことで成立した。

桜ヶ丘を抜けた先には、雫が住む団地のモデルとなった愛宕団地と、そびえ立つ給水塔がある。未来への夢と純愛が新興住宅地から立ち昇っていったからこそ、「耳をすませば」は多くの人の心をとらえたのではなかったか。そう考えれば、里山を開発してできた多摩のこの一帯は、物語の受け皿としておあつらえの場所であった。

実は近藤と宮崎にとって、この近辺は馴染み深い場所だった可能性がある。1970年代を中心に2人が活躍した制作会社「日本アニメーション」のスタジオが近くにあるからだ。

コースの最後は雫と聖司が日の出を見た場所とされる地点へ。生い茂る木が視界の一部を遮ってはいるが、聖蹟桜ヶ丘駅から多摩川付近一帯を一望できる。今はただ、映画世界と現実が侵食し合うこの風景を楽しみたい。

Route ❶聖蹟桜ヶ丘駅→❷霞ヶ関橋→❸金比羅宮→❹洋菓子店「ノア」→❺公社愛宕団地

❹ 洋菓子店「ノア」
多摩市桜ヶ丘2-2-9　042-273-0660
10時～19時　㊡　日曜・祝日

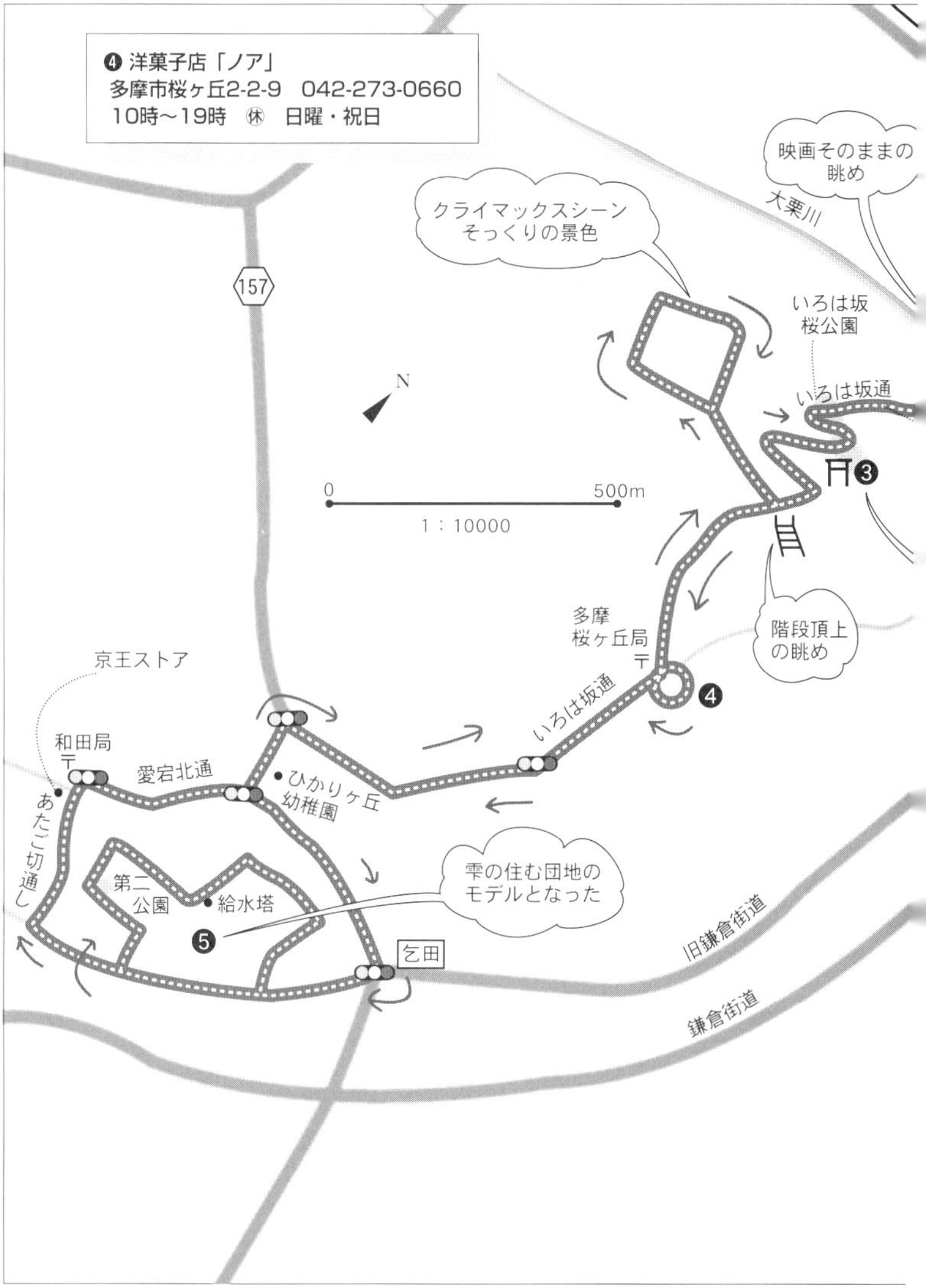

「トトロの住む家」を探して

吉祥寺の住宅街に、味わいのある木造住宅を探す

● 距離：約5km
● 所要時間：1～2時間
● 難易度：★
■ みどころ ■
トトロが住んでいそうな古民家を訪ねる。（個人宅ですので詳しい地図はつけません。路地を探索して見つけてください）

宮崎駿の著書に『トトロの住む家』（朝日新聞社、1991年）がある。これは、大正末期から昭和初期に建てられた、トトロが住んでいるような味わい深い旧い木造住宅を、宮崎が訪ねてまわるという画文集である。登場する古民家は、決して豪華ではないけれども、庭の木や植物を愛で、家をいつくしむ住人の家ばかりだ。狭い庭で懸命に枝を広げようとする植木の枝を刈り込むのにもついためらいを感じ、隙間風が入るからといって窓をアルミサッシに替えるなどといった無粋なことはしない。そういう人々が住んでいるのである。

本の中に登場するのは杉並区阿佐ヶ谷や中野区白鷺、武蔵野市吉祥寺本町など、中央線沿線の家々ばかり。宮崎はこれらの家々を、散歩の道すがら見つけたという。

目印は庭木に屋根瓦

今回は吉祥寺駅を基点に、宮崎が訪ねた「トトロの家」のような古民家を自転車で探してみよう。

ターゲットは駅の北側、吉祥寺東町と吉祥寺本町だ。とはいえ、古民家はいずれも個人宅であるか

らして、ここで詳細な道順を記すことはできない。今回のポイントは、目星をつけた街並みや路地を気ままに散策することにある。町域の外周をぐるっとまわるだけなら20分もあれば十分だが、路地をひとつひとつ丹念に探索すれば軽く1～2時間はかかってしまう。

吉祥寺には昭和初期の住宅が今も残る

だらだらと気ままにペダルを漕ぐうちに、自分だけの宝物を発見できるのが自転車散策の面白さだ。

吉祥寺のこのあたりは、関東大震災後に被災者が移り住むなどして形成された、整然と路地が縫う静かな住宅街だ。外周を走るだけでも、旧い商店やアパートを見ることができる。住宅街の屋根の向こうにこんもりとした緑の島が見えれば、そこには公園か大きな屋敷がある。私は庭木を目印に旧い家を探したが、屋根瓦とか板塀とかでもいいかもしれない。このあたりの良いところは、人がすれ違うのがやっとというような路地がところどころに残っていることだ。そこには鉢植えが並べてあったり、緑のトンネルができていたり、植え込みがつつましく手入れされていたり、あるいは近所の人によってきれいに掃き清められていたりして、そこに住む人の生活感や住む場所への愛着が感じられる。心温まる風景に出会えるのだ。

消えゆく古民家

しかし街全体で見れば、残念ながらこうした懐かしい情景はなくなりつつある。古民家は築年数や「夏暑くて冬寒い」という住宅性能の問題に加え、おそらくは相続時に税金の支払いのために売却されるなどして、少しずつ姿を消している。また道路の拡幅や区画整理などで、路地が消え去ることもある。そして世代交代を重ねて住人が入れ替われば、清々しい路地を期待するのは難しい。

宮崎は『トトロの住む家』の中で「興味の持てる家というのは、『闇』みたいなものがある家ですね。それをつくった人や住む人の、心の襞《ひだ》や奥行きが感じられるような」と語っている。

おそらくは新建材を多用した、合理的で高機能ではあるけれども、どこか冷たい印象の今時の住宅が、吉祥寺のこのあたりでも支配的になっている。けれどもこうした家々は、はたしてこれから50年、60年先にどんな街の風景をつくっていくのだろうか。「どうかこれ以上変わらないで」と思わずにいられないのだが、それはやはり通りすがりの勝手な願望に過ぎないのか。

「三鷹市　星と森と絵本の家」。大正４年建設の天文台官舎を移築展示している

◆オプション◆

古民家の内側はこうなっている
～「三鷹市　星と森と絵本の家」に行ってみよう～

コースで巡った大正後期～昭和初期の古民家は、従来の日本様式に応接室やキッチン、水洗トイレなどといった洋式住宅の要素を折衷してできたものだ。映画「となりのトトロ」に出てくる「サツキとメイの家」にも、南西角に面したテラスルームが描かれている。コース内の古民家はいずれも個人宅のため中の様子を見ることはできないが、２００９年７月に三鷹市大沢の国立天文台内にオープンした「三鷹市　星と森と絵本の家」に行けば観察することができる。実は、１９１５（大正４）年に建てられた天文台の旧１号官舎を移築改修してできた、トトロの家の味わいをもった建物なのだ。

沓脱《くつぬぎ》石に御影《みかげ》石を配した玄関、堂々たる書斎、アルミサッシでない木枠のガラス窓や引き戸、板敷きの廊下や下地に竹木舞《たけこまい》を使った塗り壁、照明電灯のクラシックなガラス笠…などなど、見るべき美点は無数にある。天文に関する展示や、絵本を中心とした2000冊の蔵書もここの目玉だが、私は建物自体が何よりすばらしく、一見の価値があると思う。個人的にはすりガラスの向こうにヤモリがへばりついていたのが、とても良かった。

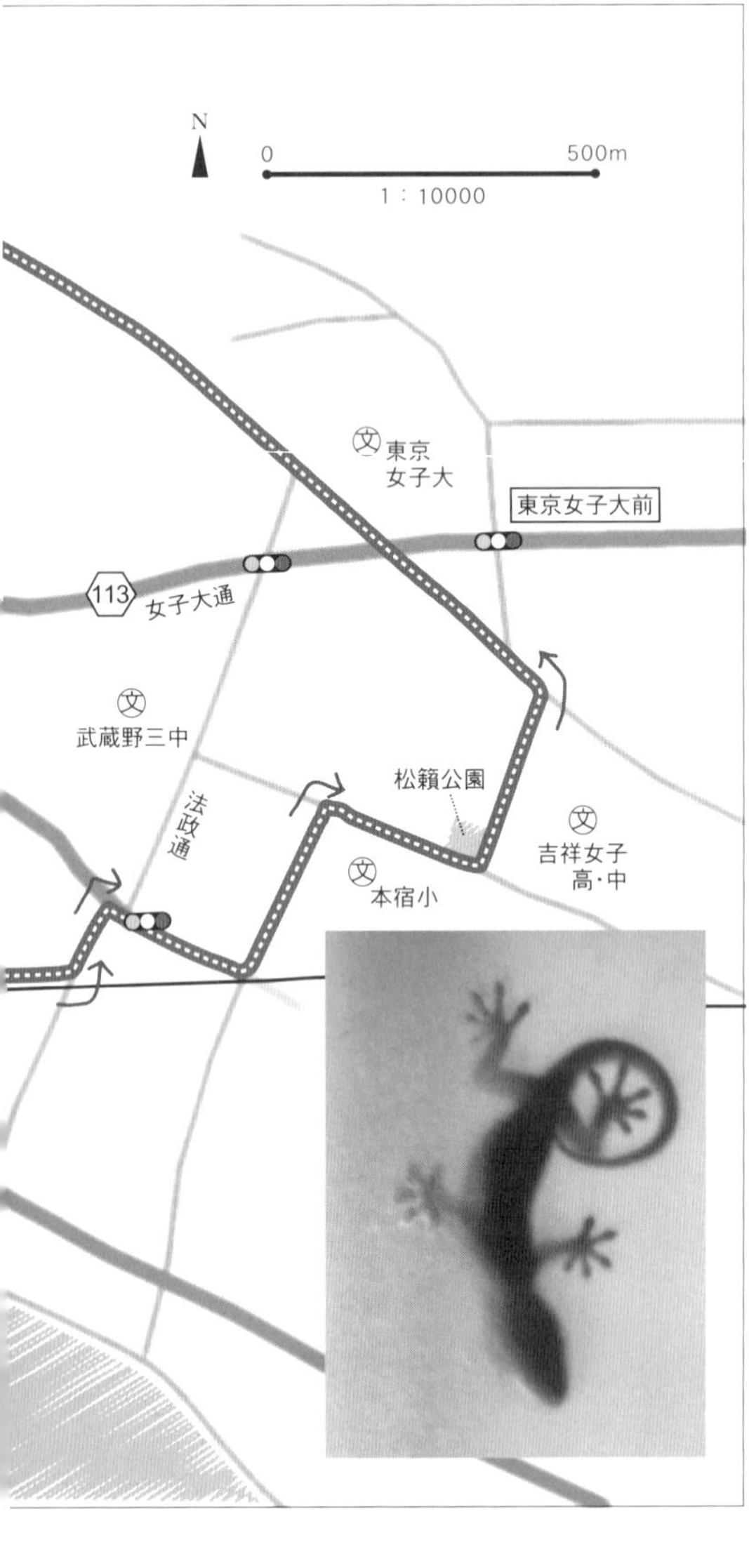

Route

※ 古民家は現在も居住する一般宅なので、所在場所は図示していません。路地を探索して旧い商店や植え込みなどを楽しみましょう。

● 三鷹市　星と森と絵本の家
三鷹市大沢2-21-3 国立天文台内
0422-39-3401
10時～17時(入館16時半)
㊡ 火曜、年末年始　入館　無料
（他にメンテナンス休館あり）
※ 徒歩、自転車または公共交通機関をご利用ください。

Columns 1

多摩発・超軽量折りたたみ自転車「YS-11」

本書ではコースの目安として駅を基点にしているが、電車への持ち込みが可能な折りたたみ自転車(フォールディングバイク)が今、人気だ。

その中の一つに、アルミフレームタイプとしては最軽量の7・3kgを誇る「多摩生まれ」の折りたたみ自転車がある。その名は「YS-11」。日本の航空史に輝く、戦後初の国産旅客機と同じ名前だ。

自動車エンジニアが生みの親

自転車「YS-11」を開発したのは、八王子市にある「バイク技術研究所」代表の白井健次氏。旅客機YS-11の設計開発を経験したのち、長年トヨタ自動車で開発に携わった、生粋のエンジニアだ。

そもそもはトヨタの社内ベンチャー計画として始まった白井氏の自転車開発。ところが設計に関わるうち、白井氏は自転車という単純だが奥深い乗り物の魅力にハマってしまう。

白井氏は語る。「自転車は自動車よりも歴史が旧くて、簡単に見えてもあの形には先人の知恵が詰まっている。寸法や角度を少しいじるだけで乗り味がまったく別物になる。設計するには相当の勉強が必要で、実に奥が深いんです」

そして白井氏はトヨタを退職して、自転車の設計・開発・製造のための会社を一人で立ち上げるのだ。げに恐るべきは自転車の魔力、いや、白井氏のバイタリティーと言うべきか。

こうして2006年10月に誕生したのが自転車「YS-11リミテッド」だ。女性が持ち運んでも苦にならない、7・3kgというロードバイク並みの軽さの秘密はフレーム(車体)にある。

旅客機YS-11のエンジンは、簡素だが丈夫なトラス構造のパイプフレームに支えられている。折りたたみ自転車は構造上、強度を保つためにどうしても重くなりがちだが、自転車

YS-11は旅客機YS-11のエンジンフレームにヒントを得て、折りたたみ部に独自の「スライドパイプ構造」を採用したのだ。

電動アシストタイプもあり

自転車YS-11には電動アシスト仕様の「YS-11ハイブリッド」もある。電動自転車で重量11・9kgは驚異的だ。

実際に試乗すると、急坂でもモーターアシストによりスイスイ登る。万が一バッテリーが切れても、ママチャリより軽いので負担が少ない。このコンパクトさを実現した技術力に脱帽だ。

自転車YS-11は折りたたみ構造のため、スピードを出したり悪路を走破したりするには不向きだが、自転車散策にはベストな自転車だろう。電車で気軽に持ち運べるので、駅まで自走→電車で移動→目的の駅からサイクリング、のように使えば高い機動力を発揮する。

価格はYS-11リミテッドが9万1350円、YS-11ハイブリッドが11万7600円だ。

●有限会社バイク技術研究所
八王子市大塚289-35
☎042-658-7045
9時～17時 ㊡土・日曜、祝日
http://www.ys-bike.com

YS-11リミテッド。重量はたったの7・3kg！

源流をめざせ！ 玉川上水①

三鷹駅北口から玉川上水駅へ

多摩にとって、玉川上水は格別の意味がある。今から350年以上前に、羽村から四谷大木戸まで、43㎞を標高差わずか100ｍの勾配で、1年弱（8ヶ月と伝わる）という短期間で掘りぬいたこの水路は、江戸の水不足を解消し、武蔵野台地の新田開発の原動力となった。1965年まで全区間が現役だった玉川上水は、江戸と東京、そして多摩の繁栄を支えたのだ。

用水はまた、水路に沿って雑木林が形成され、私たちに憩いの場を提供してくれる。自宅近くに玉川上水があり、時折散歩に行くが、季節の草花とか枯れ葉のじゅうたんとか、水の中を泳ぐ丸々と太ったコイとか、少し歩くだけでいろいろ観察して楽しませてもらえる、実にありがたい場所なのだ。そんな玉川上水の源流は、一体どうなっているのだろうか。

● 距離：約15.3km
● 所要時間：約2時間
● 難易度：★★

■ みどころ ■
多摩を代表する史跡の一つである玉川上水の源は、一体どうなっているのか？自転車でたどる源流への旅。

流れているのは再生水

玉川上水はちょうどいい具合にＪＲ三鷹駅と交差しているので、ここから出発することにする。羽村の取水堰までは約31㎞、1日で走破できない距離ではないが、少々大変だ。そこで、ちょうど中間付近にあたる小平監視所までをめざしてみよう。

この付近の水量は、かつて江戸や東京の喉を潤していたにしては少なすぎる。それもそのはず、今流れているのは下水処理水だ。羽村から小平監視所までは今も東村山浄水場への送水に使用しており現役だが、１９７４年から86年までは、監視所より下流は空堀状態だったのである。

清流復活事業として、通常の下水処理に加えて砂ろ過とオゾン処理などによる高度処理を行った水が、日量２万３千トン放流されているが、これはかつての流量の15分の１だそうだ。せせらぎと呼ぶには力不足な感が否めない。住宅街が続く平凡な風景だが、それでも境浄水場、小金井公園を過ぎたあたりから、周囲の緑が徐々に濃くなっていく。

津田塾大学本館

消えゆく畑

小平市内に入って、府中街道との交差点で右側に黒い森が見えるのが、津田塾大学だ。右折して少し行くと、正門の向こうに赤瓦葺きの屋根と装飾レンガの外観が特徴的な本館が見える。

1931年に竣工し、2001年には都選定歴史的建造物に指定されている。

　玉川上水に戻るが、ここからしばらくは上流に向かって右岸の遊歩道を行ってみよう。歩行者主体なので徐行が鉄則だ。舗装されていないので、森の中の散歩道を行く雰囲気で気持ちいい。遊歩道と並行するもう一つの水路は「新堀用水」といって、玉川上水につながる分水に水を分配するためのものだったそうだ。

　走った当日は、歩道に沿って子供の絵がずっと先まで展示してあった。この近くにある武蔵野美術大学が地域とのコラボレーションにより行っているものだそうだ。また、野外ギャラリーで写真展をしているかと思えば、その隣には南欧風のカフェが…。生活の風景の中にアートがあるのって、余裕が感じられてステキだ。

　さっき津田塾大学を見たので、また寄り道して今度はその武蔵野美術大学を見てみよう。西原理恵子やみうらじゅんなどのサブカル系(?)漫画家を輩出した大学だ。いったいどんな大学なのか。正門にある巨大な額縁みたいなアーチが目を引くが、建物は普通だった。青梅街道まで出て、大学をぐるっとまわりこむように上水に戻る。畑が広々と続く一帯だ。

　ここの畑は『玉川上水　親と子の歴史散歩』(たましん地域文化財団)によれば、玉川上水の分水の一つ、小川用水によって新田開発を行った「小川新田」の一角だという。1991年の出版当時「街道沿いの屋敷まで、畑が見通せる最後の場所」だったということだが、今ではその畑にもパワーショベルが入って宅地造成が進む。

小平監視所直下の再生水放流地点。「甦る水」の碑がある

小平監視所へ

この先、新小川橋を渡って左岸に入る。都立玉川上水緑道として整備されており、道幅が広くて走りやすい。木々が高く緑のトンネルをつくっていて爽快だ。少し走ったその先が小平監視所である。ここで用水の底まで降りることができるので、自転車を止めて行ってみよう。

石組みの間から水が湧き出ている。その隣には赤レンガの枠に金属のプレートをはめこんだ「甦る水」と書かれた碑が。ここから放流される処理水は、昭島市内の「多摩川上流水再生センター」から延長8・7㎞の導水管で送られているとのことだ。

清流…というにはちょっとためらいのある臭いがしないでもないが、一応きれいではある。遊歩道の下の水路にはニシキゴイが泳ぎ、近所の人たちがその様子をめでている。再生水とはいえ、空堀のままにしておくよりは、今の方がいいに違いない。

一方、監視所には、多摩川から送られてきた豊かな水量の流れが地下の導水管へと導かれる様子が観察できる。昔はこれが新宿まで流れていたんだなあ。淀橋浄水場で浄化して水道水にしていたのだが、ご存知の通りその跡地は新宿副都心へと変貌した。

監視所のすぐ先は西武拝島線と多摩都市モノレールの玉川上水駅だ。ここから先は、本来の玉川上水の姿を楽しみながら羽村取水堰をめざす。

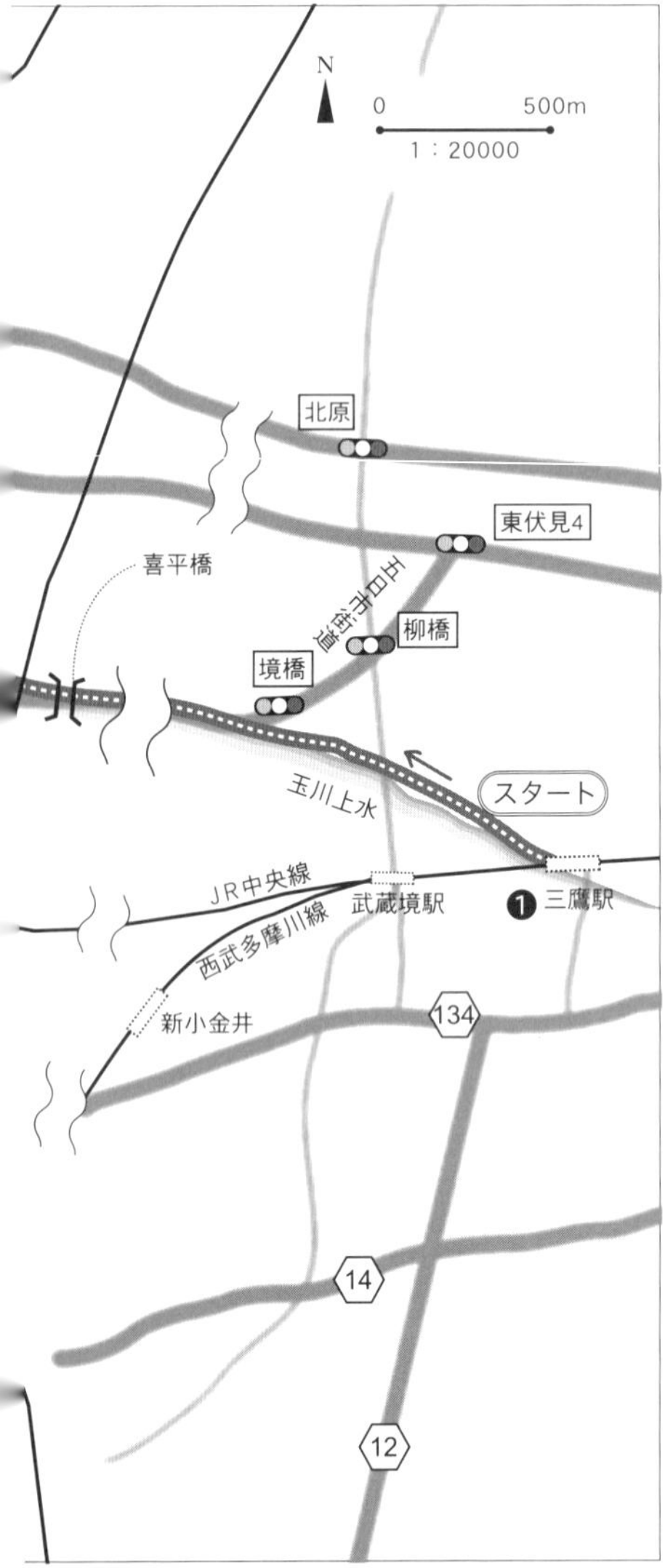

Route

❶三鷹→❷津田塾大学→❸武蔵野美術大学→❹「甦る水」放流口→❺小平監視所→❻玉川上水駅

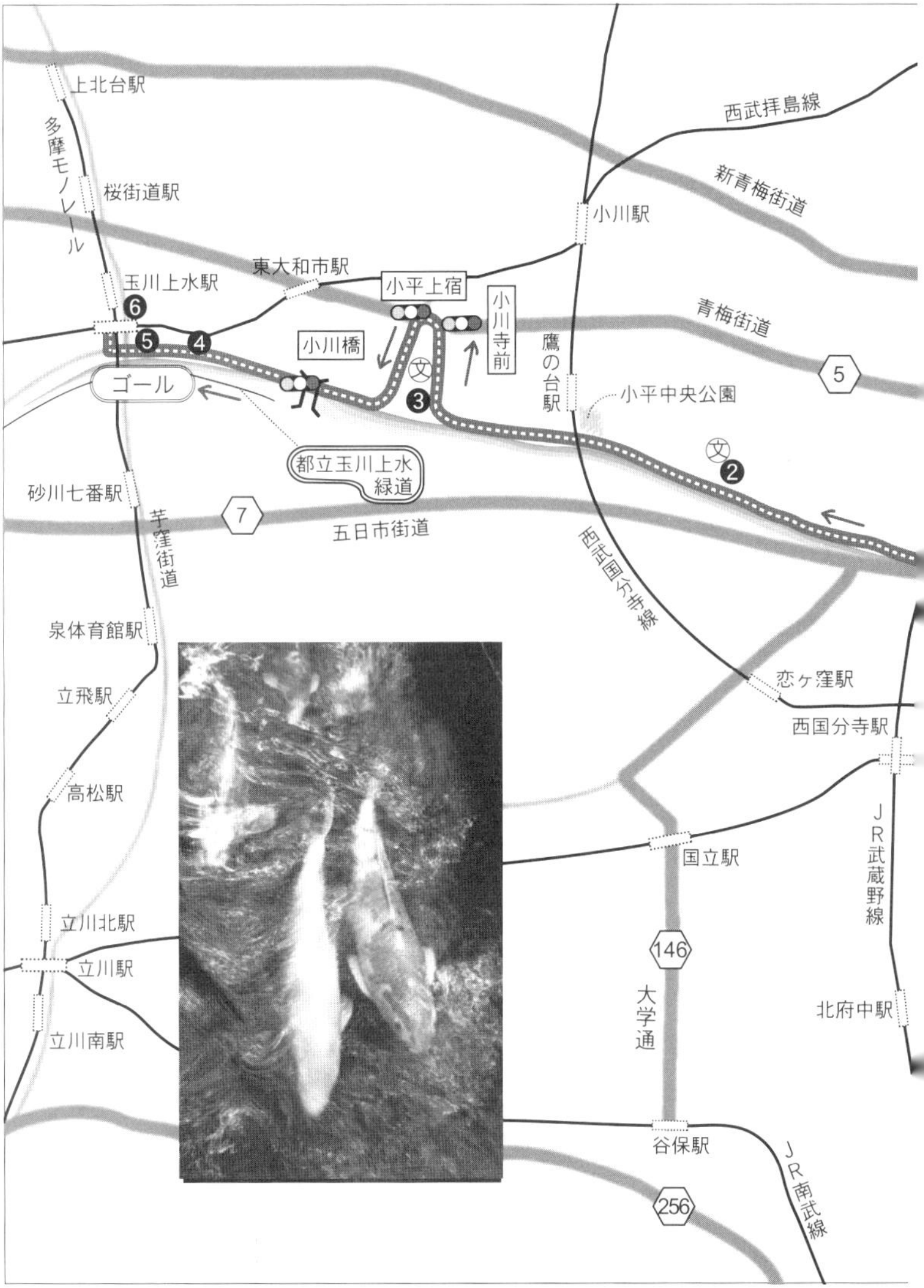

源流をめざせ！ 玉川上水②

玉川上水駅から羽村駅へ

● 距離：約15.7km
● 所要時間：約2時間
● 難易度：★★
■ みどころ ■
いよいよ玉川上水の源流へ。玉川上水駅から先は、今も水道用水路として現役で活躍している「生きた史蹟」を走る。

三鷹駅から出発して玉川上水駅は、ちょうど羽村堰までの中間地点だ。

小平監視所から上流の玉川上水は、現役の上水路ということで、ゴミの投棄などが行われないようにしっかりと柵囲いがされているが、近くに寄ってみるとコロコロ…と心地良いせせらぎの音がする。処理水が流れる下流も、かつてはこんな様子だったのだろう。

途中、上水にかかる橋の上から、柵にじゃまされずに流れをじっくり観察することができる。カルガモがゆったりと川面を泳ぎ、上水の両側からはケヤキ並木がかぶさって緑のトンネルをつくる。何だか外国の運河を思わせる、いい眺めだ。

蕎麦とビールがうまい

引き続き上水の左側を走る。立川付近は未舗装路が続く。アスファルトの舗装路よりも走る印象が柔らかい。アスファルトは平らに見えて、実は細かいでこぼこの連続だ。長時間、自転車に乗るとじんわり疲れてくるのは、ペダルを漕ぐことの疲労は当然だけれども、路面からの細かい振動の影響も大きいのではないかと思う。その点、乾いてよくしまった土の道は、時折がたがたと大きく振動はするが、あまり路面からのストレスを感じないから好きだ。

上水脇には畑と野菜の無人直売所があって、ネギやらキャベツやらを売っている。多摩を走るとあちこちで直売所に出くわす。新鮮な野菜が手に入るのがうれしいが、買う場所と量を考えないと、重い荷物を積んで長時間ペダルを漕ぐ羽目になる。

昭島駅を過ぎて国道16号を越えると、わらつけ街道に入る。ここからしばらくは上水脇を走れない。熊川駅近くまで進んだら新奥多摩街道に出て、石川酒造をめざそう。

石川酒造は幕末頃から続く蔵元。清酒「多満自慢」はもちろん、立派な蔵と自家醸造の地ビール、それに併設された「雑蔵《ぞうくら》」で提供さ

豊かに流れる玉川上水。江戸時代から現役だ

れるおいしい蕎麦でもよく知られている。多摩川サイクリングロードを走ってきたら立ち寄って一服する場所として、サイクリストの間でも有名な場所だ。

通りかかったのがお昼時だったので、もりそば(700円)をいただく。コシがあってきちんと蕎麦粉の香りがするし、つゆのだしも良い。蕎麦湯までしっかりいただく。地ビール「多摩の恵」ピルスナー500ml(609円)をお土産に買っていく。飲酒運転はもちろんご法度である。

お腹を落ち着かせて外に出ると、大きなケヤキの木が2本、並んで高くそびえる。夫婦欅《めおとけやき》といって、お米と水の神様をそれぞれ祀っているのだとか。さらには敷地内を玉川上水からの分水「熊川分水」が流れている。

近くの熊川神社では、たまたま骨董市が立っていた。聞けば、毎月第2日曜に開かれるのだとか。市を知らせる幟旗に赤く「KUMAGAWA SHRINE ANTIQUES FAIR」とあるのは、横田基地の米軍人を当てこんでのことだろう。

再び新奥多摩街道に出て、上流をめざす。福生駅西口通りと交差する付近からようやく用水沿いを走れるようになる。ここには石川酒造と並ぶ福生の蔵元、田村酒造がある。石川酒造とはライバルであり、地域を盛りたてる盟友の間柄でもある。日曜日ということで営業していなかったが、門から中を覗くと蔵の軒先に杉の葉でつくった「酒林《さかばやし》」にまだ青さが残っていた。酒林は杉の葉を球状に束ねて、その年の新酒ができたときに架け替える。替えてすぐの酒林を一度見てみたい。ここの清酒「嘉泉」も旨いのである。

ところで、石川酒造には熊川分水が引かれているが、田村酒造にも分水が流れている。水車で石臼をひいて酒造米を精白したり、あるいは付近の住民の生活用水とするために、名主だった田村家が幕末期に引いた「田村分水」だ。分水には洗い場も残っていて、生活と密着していたことを偲ばせる。石川家は熊川村、田村家は福生村を取り仕切る者として、分水という生活インフラの整備にも力を入れていたのである。

石川酒造に併設された蕎麦処「雑蔵」にて。もりそば 700 円

いよいよ取水門へ

田村酒造から加美上水公園を経ると、羽村の取水堰も近い。武蔵野台地を縦断してきた玉川上水だが、このあたりでいよいよ台地の縁に出る。右岸が崖のように競り上がってくるので、それとわかる。そしていよいよ羽村堰だ。堰の直下では取水された多摩川の水がごうごうと音を立てるが、そんなに上水に流れていたっけ？と思う。しかしここから多摩湖（村山貯水池）へも送水管を経由して水が送られているので、用

水を流れているのはその残りというわけだ。

それにしても「投げ渡し堰」で用水に水を横取りされた多摩川の、何と流れの弱々しいことよ…。私たちの飲み水のために必要とはいえ、少しばかり心が痛む。水は大事に使わなければ。

多摩川にかかる橋を渡った対岸には羽村市立郷土資料館がある。羽村堰の水門を再現した展示や、河川敷には大雨時に流れの勢いを弱める木組みの枠を見ることができる。

羽村堰からJR青梅線羽村駅へは自転車で数分だ。駅前の和菓子屋兼食堂「山田屋」では「桜サブレー」が買える。1枚80円。サブレーの上にのった桜の花の塩漬けが、甘さとよく合う。

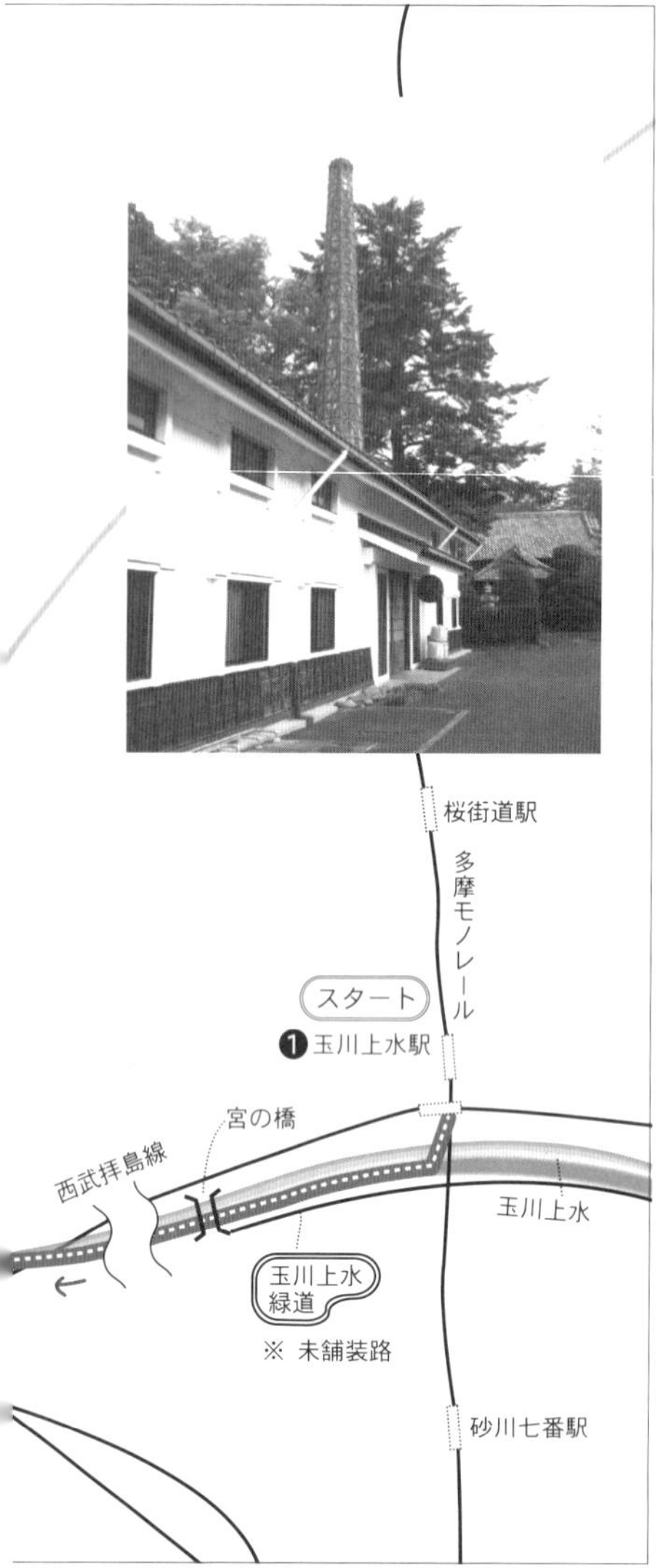

Route

❶玉川上水駅→❷石川酒造→❸田村酒造場→❹羽村堰→❺山田屋→❻羽村駅

❷ 石川酒造
福生市熊川1　042-553-0100
㊡ 土・日曜・祝日（事務所／工場）
史料館　11時半〜21時　無休

● 和食・そば処「雑蔵」（石川酒造内）
042-530-5057　11時半〜22時
㊡ 木曜

❸ 田村酒造場
福生市福生626　042-551-0003
蔵見学　8時〜17時
㊡ 月・日曜・祝日

❺ 山田屋
羽村市羽東1-6-6　042-554-2221
10時半〜20時　㊡ 水曜

小川分水をたどってみよう

小平の新田開発の原動力、今も家々を縫う

● 距離：約10km
● 所要時間：約2時間
● 難易度：★
■ みどころ ■
小平市内を流れる小川分水。家々の間を縫って流れる用水路が、都内にもあったとは！ 用水路観察自転車散歩、第2弾。


コース④「源流をめざせ！ 玉川上水①」（26頁）で武蔵野美大に寄り道したとき、偶然、旧い農家の屋敷林の脇を流れる小さなせせらぎを見つけた。

「これは…分水？」

果たしてその通りで、小平監視所下流の分水口から小平市内を流れる「小川分水」だということがわかった。地図で確認すると、旧青梅街道をはさむ形で南北に枝分かれして流れている。

都市化が進んだ多摩の、それも比較的都心に近い場所で、生活用水としての分水が今も機能しているのか？ そんな興味を持ちながら走ってみることにする。

処理水にあらず

出発地点は玉川上水駅だ。下流に向かって左の道路に入るが、分水の放流口手前にちょっと面白い場所を見つけた。なんと足湯ができるというではないか。地元の人たちが野外に設けられた足湯場でのんびりとくつろいでいる。その名も「こもれびの足湯」。

隣接するごみ焼却施設から出た排熱を利用して、汲み上げた地下水を温めて循環させているのだとか。当日は施設の点検と重なってお湯がぬるめだったが、アツアツのときに自転車散歩で疲れた足を癒してみたいと思った。

そこから程なく進むと小川分水の放流口だ。何でも監視所付近から「胎内堀」と呼ばれる赤土を掘りぬいた地下水路で分水しているという。放流口まで降りてみると、赤土の地層にうがたれた洞穴の奥から水がこんこんと流れている。監視所直後の、あの清流復活事業による再生水の放流地点でしたような、すえた臭いはない。

小川分水の放流口

再生水ではないのか？　そうだとすれば、監視所より下流でも玉川上水の水が流れていることになる。これは発見だ、と思ったが、そうすると上水からの分水口はどこにあるのか。見つけられなかったので、再生水の可能性も捨てきれない。

…帰ってから調べると、やはり上水からの分水で、再生水ではなかった。ウェブ上のいろいろな記述を見ると「監視所より下流を流れるのは清流復活事業による再生水である」とする見方がほとんどで、小川分水が上水からの水を胎内堀を経由して分水している、という事実を見落としている。

それにしても、地下水が湧き出るようなコボコボ…というせせらぎの音は心地良くてずっと聞いていたいが、とりあえず先に進もう。

右へ左へ

小川橋交差点から立川通りに入ると、左に小川分水が見える。道路の高さよりかなり低い、谷状の水路を流れていくが、驚いたことに分水へと降りる洗い場がある。今もここで野菜を洗ったりする人がいるのだろうか？　この先、「小平交通」付近で分水は住宅街の中へ入っていく。日枝神社の裏手付近で分水は二つに分離し、それぞれ旧青梅街道の南北を並行して流れる。

さらに西へ進むと、いくつか見るべき場所がある。神明宮は鳥居にかけられた太い注連縄《しめなわ》が目を引くし、その向かいの小川寺《しょうせんじ》は山門が立派だ。小川分水は玉川上水の開通から遅れること3年、1656（明暦2）年にこの地で新田開発が許可されたのに伴い引かれたが、小川寺も開拓民の菩提寺として同時期に勧請《かんじょう》された。また、JR武蔵野線新小平駅手前には鎌倉街道の旧道がある。どうということのない路地だが、由来を説明した看板が掲示されていて面白い。

この近辺の分水は、基本的に街道から路地に入らないと観察できない。だから細かく様子を観察しようと思ったら、右へ左へしなければならず大変だ。そうして見つけた分水は家や建物の裏をしずしずと流れているが、特に住民に利用されている気配はない。ゴミも目につくし、付近から生活廃水も流入してしまっている印象なのが残念だ。

とはいえ、その気なら暗渠《あんきょ》化してしまうことだって可能だったろうに、小平市では用水路を積極的に保存していく方針なのだという。そのこと自体は大いに賛同したい。

小平ふるさと村

分水は「いなげや」の手前で南北に合流して北へと流路を向けるが、一部暗渠化されており流れを見失う。あじさい公園内に再び現れるが、ほとんど淀んでいる。それでも子どもたちがすくい網で小魚などを捕って遊んだりしていてほほえましい。

ここで小川分水と別れて、多摩湖自転車道を行く。東に５００ｍほど走ると「小平ふるさと村」

「小平ふるさと村」の復元水車

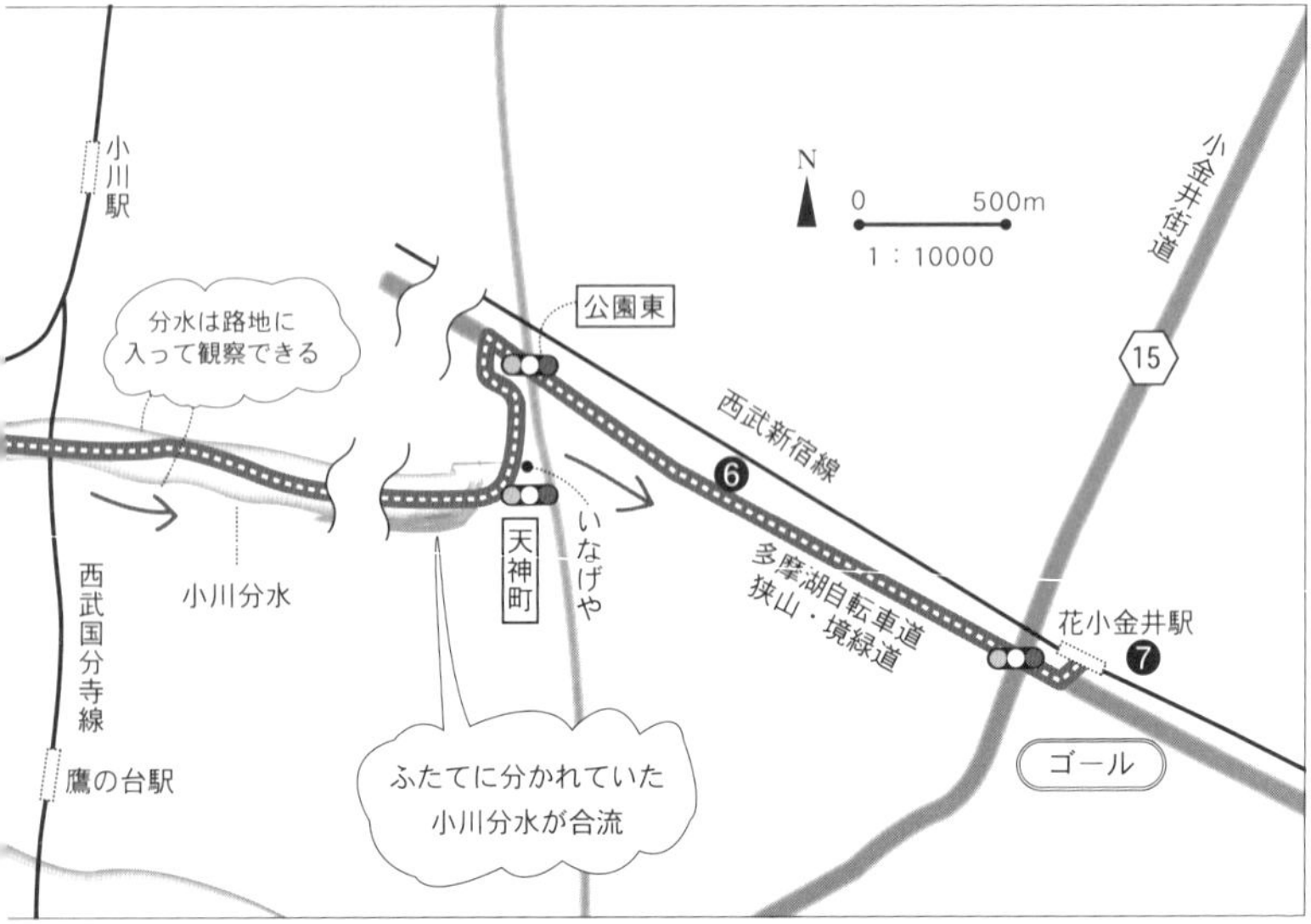

だ。昭和初期の郵便局舎や江戸時代の古民家など、市内に伝わる歴史的建物4棟を移築して展示保存している。

また、ここには循環水路による水車の展示もあり、水車を使った製粉などの実演もするという。どうせなら循環水路ではなく小川分水を引き込んで水車をまわしたらいいのに…と思いかけて、ようやくこの展示の意味に気がついた。

実は、私がここを訪れるのは今回が初めてではない。古民家や水車などを見ながら「昔はのどかだったんだな〜」と思いはしたが、水車が小平の生活に密着していたとまでは、思いが至らなかった。しかし今回、実際に小川分水を観察することで、新田開拓農民である小平の先人にとって分水と水車がなくてはならないものだったという事

Route

❶玉川上水駅→❷こもれびの足湯→❸日枝神社→❹神明宮→❺小川寺→❻小平ふるさと村→❼花小金井駅

❷ こもれびの足湯
小平市中島町3-5
042-341-4345（小平・村山・大和衛生組合）9時半～16時半（10月～2月は～16時）㊡ 木曜（祝日の場合は翌日）、12／29～1／3、焼却施設の点検日

❻ 小平ふるさと村
小平市天神町2-57
042-345-8155　10時～16時
㊡ 月曜、第3火曜（休日の場合は翌日）、12／27～1／5

実が、すとんと納得できたのである。

分水も水車も、史蹟としてだけ活用するのは惜しい。玉川上水からの流量を増やして水車をまわせば、多摩の新たな町おこしとして注目されるのではないか。

ふるさと村からさらに数百m走れば、ゴールの西武新宿線花小金井駅だ。

河口をめざせ！ 野川を走る

湧き水がつくる、多摩の清流

● 距離：約25km
● 所要時間：約3時間
● 難易度：★★

■ みどころ ■
国分寺崖線から湧き出る地下水を集めて流れる、都市部では珍しい清流を保つ野川。河口までの全長約25kmをたどる。

私（筆者）が多摩に越してきたのは２００６年の秋。練馬に約5年間住んでいたが、23区内のごみごみした感じが窮屈に感じられて、三鷹市深大寺のアパートに移り住んだ。

そこから歩いて15分の野川公園に行って驚いた。ヨーロッパの郊外みたいな景観はもちろんだが、国分寺崖線の斜面林のあちこちから清冽な湧き水が流れているのだ。生まれて初めてカワセミを見たのも、ここ野川だ。生態系が保たれているのだなと感心した。思えば、多摩に強く惹かれるようになったのは、この都市部にありながら自然豊かな野川との出会いがきっかけだったと思う。

今度は水源から出発

そんな野川は多摩をどんな風に流れているのか。玉川上水では源流をめざしたが、今回は逆に源流から河口へと下ってみたい。野川の水源は、国分寺市内にある日立製作所中央研究所の敷地内の湧き水だ。ここは広大な雑木林で覆われている。私有地につき入れないので、国分寺駅北口を出発して研究所正門の前だけは通っておく。ちなみに研究所では春と秋の年2回、敷地内の庭園を一般に開放しているとのこと。

住宅街に入りこんだ場所で、中央線の線路をくぐって流れる水源からの流れを見ることができる。ここが普通に確認できる野川の最上流だ。また、ここから少し離れた場所にもう一つの水源、「真姿《ますがた》の池湧水群」がある。環境省名水百選にも選ばれ、今もこの付近の生活用水として使われている。流れに沿って整備されている「お鷹の道遊歩道」には洗い場もあり、ここで近所の人が野菜などを洗っているのだろう。

さて、多摩川放流口まではまだまだ距離があるので、腹ごしらえをしておこう。不動橋からすぐのオーガニックレストラン「カフェスロー」は、有機・無農薬にこだわった食材を使ったメニューを提供することで有名だ。併設する「天然酵母のパン工房アチパン」は白神こだま酵母を使用している。この先はしばらく住宅街の路地を進む。野川に沿って走れるようになるのは、東京経済大学の下を過ぎてからだ。

アチパン店頭。焼きたてのパンが並ぶ

崖線のいたるところから湧き水が

この付近から小金井市内に入るが、貫井神社の境内には湧き水による小さな滝が見られるし、別の場所では湧水点からの流れが遊歩道として整備されている。ただし、水量が少ないのか水質に問題があるのか、生活用水として使われている気配はない。

ざぶざぶと湧き水が流れ込むのは野川公園だ。崖線上にはＩＣＵ（国際基督教大学）の広大な林がある。日立研究所もそうだが、大きな水源には、かならず雑木林がある。つまり湧水量は森林の保水力で左右されるのである。湧き水を集めて、このあたりから野川の川幅も広くなっていく。

人見街道と交差する手前には蕎麦屋の「地球屋」がある。漫画家・吉田戦車が自転車エッセイ『吉田自転車』（講談社）の中で「すげえうまかった」と紹介している、有名な場所だ。

ところで、カワセミは滅多に見ることはできないが、カモの群れやサギはよく見かける。のん

深大寺の境内にある深沙大王堂

きに日向ぼっこしていたり餌をさらっている様子は眺めていて良い癒しになる。さらに下ると中央道の高架橋と交差するが、ちょっと寄り道。左に曲がって坂を上がると修道院の先が深大寺だ。ここにも湧き水があって、野川へと注いでいる。古刹に詣でながら、そんなところも観察してみよう。

成城、そして二子玉川へ

深大寺から先の野川沿いはしばらく単調な道が続く。甲州街道を渡って京王線をくぐり、狛江市内を過ぎると世田谷区まではすぐだ。高級住宅地で有名な成城に行き当たる。多摩から23区内に入ると、何となく街の雰囲気が変わる。デザインに凝った建物が増え、建物同士の間隔も狭まってくる。洗練されていていいのだけど、建物の密度が高いとどうしても窮屈な感じを受けてしまう。田畑や林、空き地が多く残る多摩の環境は有り難いなあ、と改めて感じる瞬間だ。そんな場所だから湧き水なんかないだろう…と思っていると、高級住宅街を縫ってか細い流れがあるではないか。都心に近づくほど、こうした環境は貴重なものになるのだろう、流路の傍らには植物などが植えられて大事にされていた。野川沿いは通学路にもなっているようだ。下校時間の子どもたちと行き会った。クルマが行き交う道よりも自然がある川沿いの方がきっと楽しいに違いない。

世田谷でも、野川が流れる喜多見付近では今も野菜畑が残る。すごいと思うが、税金もきっと高いだろうなあ、などと余計な心配をしているうちに、多摩川への放流口も近づいてきた。二子玉川の高層ビル群が正面に近づいてくるので、それとわかる。自動車教習所の先で一旦都道に出て、駅手前で再び野川沿いに入る。東急田園都市線のガードをくぐった先で、野川は多摩川と合流する。

さすがにこのあたりまで下ると、もはや清流というわけにはいかない。風に乗って運ばれる風は何となく青くさい。けれども、多摩川も野川も高度成長期にはドブ川扱いされていたのだから、それと比べれば自然は相当に回復していることになる。これから先、いつ行ってもカワセミが見られるくらいにまでさらに回復してたらいいなあ、と思った。

❺ カフェスロー
国分寺市東元町2-20-10　042-401-8505
日曜・祝日　11時半〜19時、月・水〜土曜11時半〜22時（金・土曜の夜はイベントのため、通常営業は15時半まで）　㊡　火曜

● アチパン（カフェスロー内のパン工房）
042-315-1912　10時半〜17時
㊡　火曜

❻ 蕎麦屋「地球屋」
三鷹市大沢6-2-19　0422-39-3839
11時半〜14時半頃　㊡　水・第2・第3木曜

Route ❶国分寺駅→❷日立中央研究所前→❸野川最上流→❹お鷹の道・真姿の池湧水群 →❺カフェスロー→❻蕎麦屋「地球屋」→❼二子玉川駅

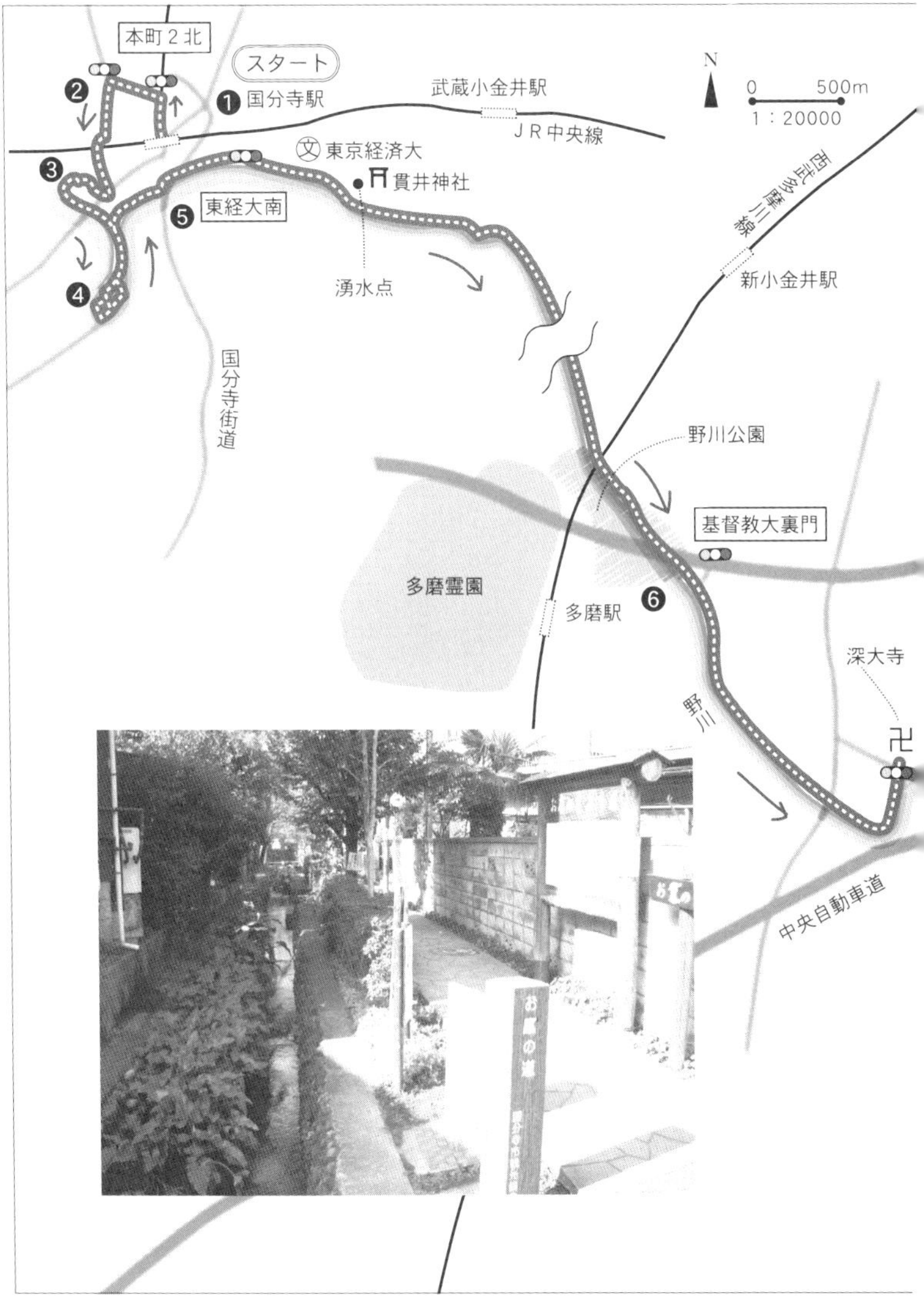

新選組ゆかりの地を駆ける

龍源寺から高幡不動を経て日野宿本陣周辺へ

● 距離：約21km
● 所要時間：約3時間
● 難易度：★★

■ みどころ ■

近藤勇、土方歳三らとゆかりの深い寺社や旧跡を自転車で巡る。多摩と新選組とのかかわりが、立体的にわかるかも。

ＮＨＫの大河ドラマ「新選組！」が放映されてから、早いものでもう6年が経った。放映当時（2004年）は調布や日野などで新選組に関連するイベントが行われて、なんとなく付近一帯が浮き足立った印象を受けたが、それも過去のこと。今やゆかりの地はどこも静けさを取り戻している。

それにしてもドラマの放映当時、私は近藤勇たち登場人物が、市ヶ谷付近にあったという試衛館と多摩とを何事もなかったかのように苦もなく行き来しているのが何だかとても気になった。いかに江戸の昔は徒歩が当たり前だったとはいえ、あんなに健脚であったはずがないだろう！　と、私はテレビに向かってひとり突っ込んでいたものである。まあ、あれは三谷幸喜の脚本上の演出であるわけで、そこまで目くじらを立てなくたって別にいいんだけれども…。ともあれ、一度自転車で多摩の新選組ゆかりの地を巡りたいと思っていた。

幕末の多摩を追体験!?

自転車の面白いところは、他の交通手段と違い、空間を「面」として把握できる点にある。徒歩では移動距離が短すぎるし、電車や自動車では駅や目的地というように「点」としてしか印象に残らない。ところが自転車は、身体の五感をフル動員して移動するので、目的地ばかりでなく移動のプロセスそのものが印象に残る。走った場所の位置関係が頭の中でいきいきとよみがえるのだ。

だから、新選組ゆかりの地を自転車で走れば、近藤勇や土方歳三らが暮らした江戸末期の多摩というものを、少しは追体験できるかもしれない。

出発する駅はJR中央線武蔵境駅。駅を出てまっすぐに南下して人見街道を右に行く。東八道路を交差して坂を下ると野川だ。近藤は小さい頃、野川のこのあたりで遊んだのだという。程なく進むと龍源寺。ここには近藤の墓がある。寺の門の前には胸像が。さらにすぐ先には生家跡の古井戸も残る。三鷹と調布の境目の、調布飛行場に隣接するこのあたりが、近藤のホームグラウンドということになる。

凜々しい近藤勇の胸像。龍源寺にて

　人見街道から新小金井街道を左に入って旧甲州街道を右へ。その先にある大國魂《おおくにたま》神社は、近藤の天然理心流四代目襲名披露の野試合が行われた場所だが、さてどこで野試合を行ったのだろうか。

旧甲州街道を西に進むと現在の甲州街道(国道20号)に合流する。その先を左折して日野バイパスに入ると国立府中インターチェンジに出る。車道は危険なので、脇道に入り地下通路をくぐってやり過ごそう。バイパスに戻って多摩川を渡ると、正面に富士山が現れる。冬であれば雪をいただいた雄姿を楽しめるだろう。橋の上から多摩を一望できる、気持ちのいい場所だ。

橋を渡って左の路地に入ると、土方歳三の墓がある石田寺が現れる。このあたりは土方姓が多く、あちこちの表札や看板に「土方」を見かける。頭の中の「土方」は時代劇のそれだから、「土方自動車」の看板を見つけたときには「土方」と「自動車」がにわかに結びつかずにとまどった。

次に高幡不動尊をめざす。バイパスから多摩都市モノレールに沿って南に走り、京王線をくぐって川崎街道を右折すると正面に五重塔が現れる。ここには土方歳三の巨大な銅像があるのだが、表情とかポーズが立派過ぎ、見ていて何だか気恥ずかしい。新選組関連で見るべきはむしろその隣にある、近藤と土方を讃えた「殉節両雄之碑」だろう。篆額が会津藩主・松平容保《かたもり》、碑文の筆者が幕府典医で新選組とも縁の深い松本順という、由緒ある碑だ。

ここの山門には高いところに千社札がびっしりと貼り付けられていて、どうやってあの高さに貼るのかと感心する。その正面の不動堂では護摩修行(奉納された木札を焼いていろいろな願掛けをする)を受け付けていて、お坊さんが読経しながら護摩を焚いている。奥にもいろいろ拝観場所があって、全部見てまわるのも楽しい。

高幡不動尊山門。千社札がびっしり貼られている

川崎街道を西に進み、浅川を渡って甲州街道に合流するとすぐ左が日野宿本陣だ。ここで近藤、土方らが剣術の稽古を積んだ。

日野宿本陣を建てたのは地元の名主、佐藤彦五郎。戊辰戦争の折は官軍の追及を受けながらも、後に新選組隊士の復権に力を尽くした人物だ。高幡不動尊で見た「殉節両雄之碑」の建立にも関わっている。本陣正面の「日野宿交流館」や斜め向かいの日野市立図書館には新選組関連の資料が充実している。日野出身の六番隊組長・井上源三郎の所縁の品々を展示した「井上源三郎資料館」もここから程近い。

江戸の人々は健脚だった

ここまでで約21㎞。近藤と土方が行き来したのがこの距離、ということになるか。これだけの新選組スポットを一度でまわれるのは自転車ならではだろう。電車やバスではかったるいし、現代人がこの距

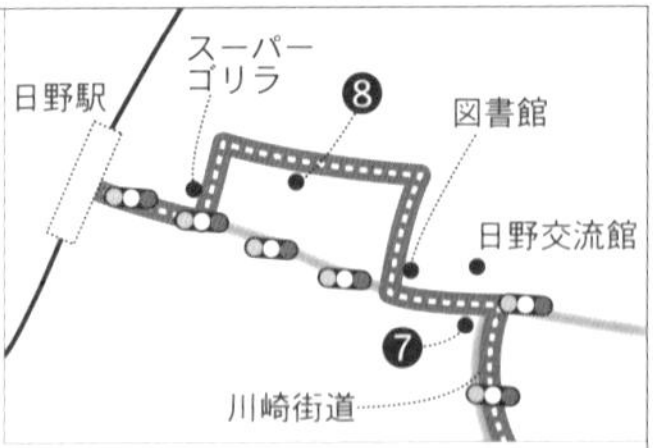

離を歩くのはしんどすぎる。自転車でも結構疲れるのに、やはり江戸の人々の健脚ぶりは今日の比ではなかったのがわかる。川崎街道と甲州街道を使って、近藤や土方は足繁く行き来していたのだろう。そう考えると、クルマがせわしなく往来するこれらの道がまた違って感じられるから面白い。さっき橋の上から見た多摩は建物だらけだったが、１５０年前、この地に大志を胸に駆けまわった若者たちがいたと思うと、ちょっと感動する。

それにしても、まるで疲れたそぶりもなく１日の内に江戸と多摩を行き来するあのドラマはやはりやりすぎではないか、としつこく思ってしまうのだが…。

Route

❶武蔵境駅→❷龍源寺→❸大國魂神社→❹石田寺→❺土方歳三資料館→❻高幡不動尊→❼日野宿本陣→❽井上源三郎資料館→❾日野駅

❼ 日野宿本陣
日野市日野本町2-15-9
042-583-5100（新選組のふるさと歴史館）
9時半〜17時（入館は16時半まで）
㊡ 月曜(祝日の場合は翌日)、年末年始

● 日野宿交流館
日野市日野本町7-5-6
042-583-9072　9時〜21時
㊡ 月曜(祝日の場合は翌日)、年末年始

❽ 井上源三郎資料館
日野市日野本町4-11-12　042-581-3957
12時〜16時　第1・第3日曜　開館

小野路の里山を走る

多摩の昔にタイムスリップ
近藤、土方らが行き来した古道も

小野路を初めて知ったのは数年前のこと。クルマでドライブ中に、周囲の開発から取り残されたかのような旧い街道に通りかかった。こんな旧道が東京にもあるんだ…、と思って調べたらそこが小野路だった。その時期に前後して大河ドラマ「新選組！」が放映。小野路は新選組ともゆかりの深い場所であることも知った。

そして２００９年1月、朝日新聞紙上で「にほんの里１００選」が発表されたが、何とその中に小野路が選ばれているではないか。紹介文には「多摩丘陵の歴史環境保全地域とその周辺集落。地元農家の管理組合が都と契約して伝来の農作業を行い、新しい入会《いりあい》の姿を築いた」とある。都と地元農家が積極的に景観を保存しているようだ。小野路に行けば、多摩の歴史と移り変わり、そして豊かな里山を感じられるかも。これは是非一度走っておきたい。

今回の出発は多摩ニュータウンの中心、多摩センター駅だ。小田急、京王、多摩都市モノレールの各線が接続しており、折りたたみ自転車で輪行する際に便利だろう。何より、この駅を基点とすることで多摩の移り変わりが立体的にわかるに違いない、という目論見もある。駅南口からサンリ

● 距離：約１１km
● 所要時間：約3時間
● 難易度：★★★

■ みどころ ■

「にほんの里１００選」にも選ばれた小野路。雑木林に畑と谷戸田。住宅開発で大変貌する前の多摩丘陵の姿がここに。

タイムスリップしたかのような田舎の風景

オピューロランド脇を通り、上之根大通りを南へ。街路樹が遠くまで続く、ゆるやかな上り坂を進むと、ほどなく尾根幹線道路に出る。左折して次の信号を右へ。恵泉女学園大学脇の道路に入り、妙櫻寺の先の舗装された細い山道に入れば、そこが小野路の入口だ。

まさにタイムトンネル

入ってすぐに下り坂が始まる。整然と区画された街並みから一変、いきなり深い里山へと迷い込む。南に開けた谷戸《やと》では畑作が行われていて、視界いっぱいまで続いている。いやーすごいなこれは。思わず声に出してしまうほどの、すばらしい眺めだ。畑の隅では農家の人が落葉か、藁《わら》束に火をつけて燃やしている。白くたなびく一筋の煙。何とも絵になる田舎の風景である。

多摩の里山は、尾根一つの違いで運命がはっきりわかれた。かたや地形までも変貌させてベッドタウンとなり、かたや一方はそのまま残った。つまり、今私が見ている景色はかつての多摩丘陵の風景そのものということになる。尾根を越えることは、ニュータウン開発が始まった約45年前に一気にタイムスリップすることと同じなのだ。坂は大きく左にカーブするようにゆるやかに続くが、やがて別所バス停と小野路宿方面への分岐点に出る。

この、小野路宿へと続く道こそが、かつて近藤勇や土方歳三、沖田総司らが行き来したとされる「布田道《ふだみち》」だ。天然理心流の門人であり、のちに新選組の支援者となる小野路村名主、小島鹿之助のもとで剣術の稽古をつけるため、ここを通ったという。この布田道からは、さっき坂の上から見渡した谷戸を今度は下から仰ぎ見ることができる。ハイキングのおばさんたちが畦道でひと休みしているのもほほえましい。この先の急坂を越えれば小野路宿だ。

小野路宿は幕末まで宿場町として栄えた場所だ。近藤らと親交のあった小島家では、新選組ゆかりの品々や自由民権運動の資料を展示した私設の「小島資料館」を、毎月第1・第3日曜の午後に開けている。ちなみに近藤勇の稽古着にあったドクロの刺繍をプリントしたTシャツは、ここでしか売っていないレアアイテムだ。

ひとつ残念なのは、往時のように狭い道幅ながらここが町田・鶴川方面から多摩ニュータウンへの抜け道として使われているらしく、クルマの通行量が非常に多いことだ。これでは乗り入れ規制をしなければ景観保存もおぼつかない。

自由民権の里

小野路宿を出て、小野神社の脇から再び小野路の山道に入ってみよう。坂を少し登った先には地蔵尊があり、さらに進むと再び谷戸に出会う。ここは谷から流れ出た湧き水を利用して谷戸田が営まれている。さらに奥へと入ってみたい衝動に駆られるが、この一帯は「図師小野路歴史環境保全地域」に指定されており、この先への自転車の乗り入れは制限されている。保全地域内で、舗装路以外の農道や山道へ自転車で入るのはつつしもう。ただし、もし時間があれば、邪魔にならないように自転車を停めた上で里山を眺めながらウォーキングを楽しんではどうだろうか。せっかくここまで来たのだから、このまま帰ってしまうのはいかにももったいない。

また、付近で自転車で行ける場所としてはここのほかに、丘の上の見晴らしの良い牧場や一里塚（野

小野神社の先の道端には地蔵尊がある

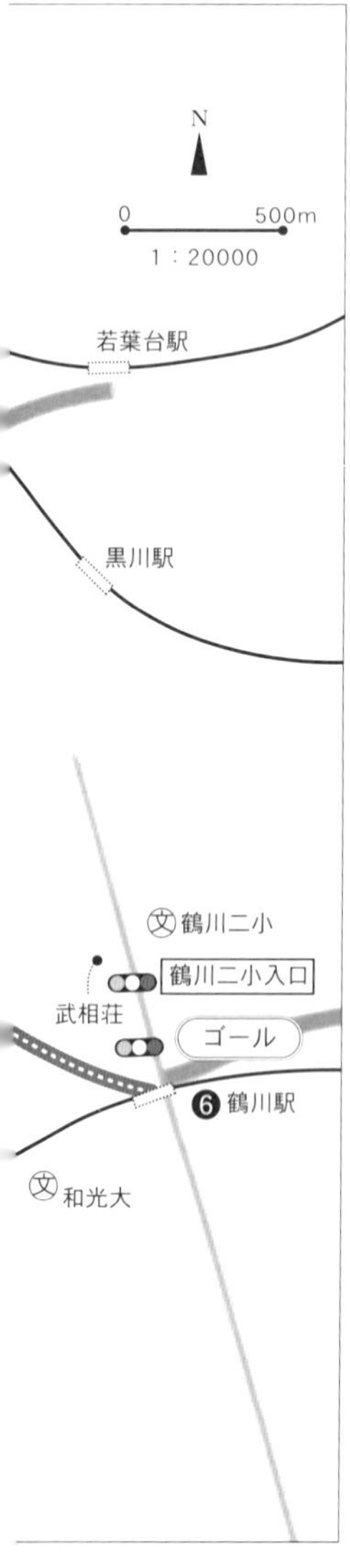

津田公園内)などがあるので、脚力と相談してバリエーションに組み入れるのも楽しい。

ところで、小野路一帯は明治初期に自由民権運動が盛んだった場所でもある。憲法草案作りや国会開設を求める動きが、名主や商人を中心に草の根からの声、運動として興ったことに特色がある。伝統的に自治への意識が高い地域だったのだ。ひょっとして、小野路の里山が守られているのも、そうした歴史と関係があるのだろうか? 何しろここは地域住民の管理組合が里山を守っているのだから。そう思い、小島資料館から2㎞ほど離れた町田市立自由民権資料館へと自転車を走らせる。そこでスタッフに尋ねてみると、「特に関連は無いのでは…」という返事が。いささか肩すかしを食らったが、私にはどうしても里山と自由民権が無関係に思えない(後で詳しい人に訊くと、多摩ニュータウンの一部として開発されようという矢先、バブル崩壊によって残ったのだという)。資料館前の芝溝街道を東に進んで鶴川街道に合流して、しばらく走ればゴールの小田急線鶴川駅だ。

なお駅北口から1㎞ほどの場所に、白洲次郎と正子が暮らした武相荘《ぶあいそう》(※)がある。GHQ(占領軍)をして「唯一の従順ならざる日本人」といわしめた白洲次郎の茅葺き住居、一度見ておくのも悪くない。

※武相荘…白洲次郎の旧邸宅。現在は、記念館・資料館となり一般公開されている

Route ❶多摩センター駅→❷小野路入口→❸小島資料館→❹小野路一里塚→❺町田市立自由民権資料館→❻鶴川駅

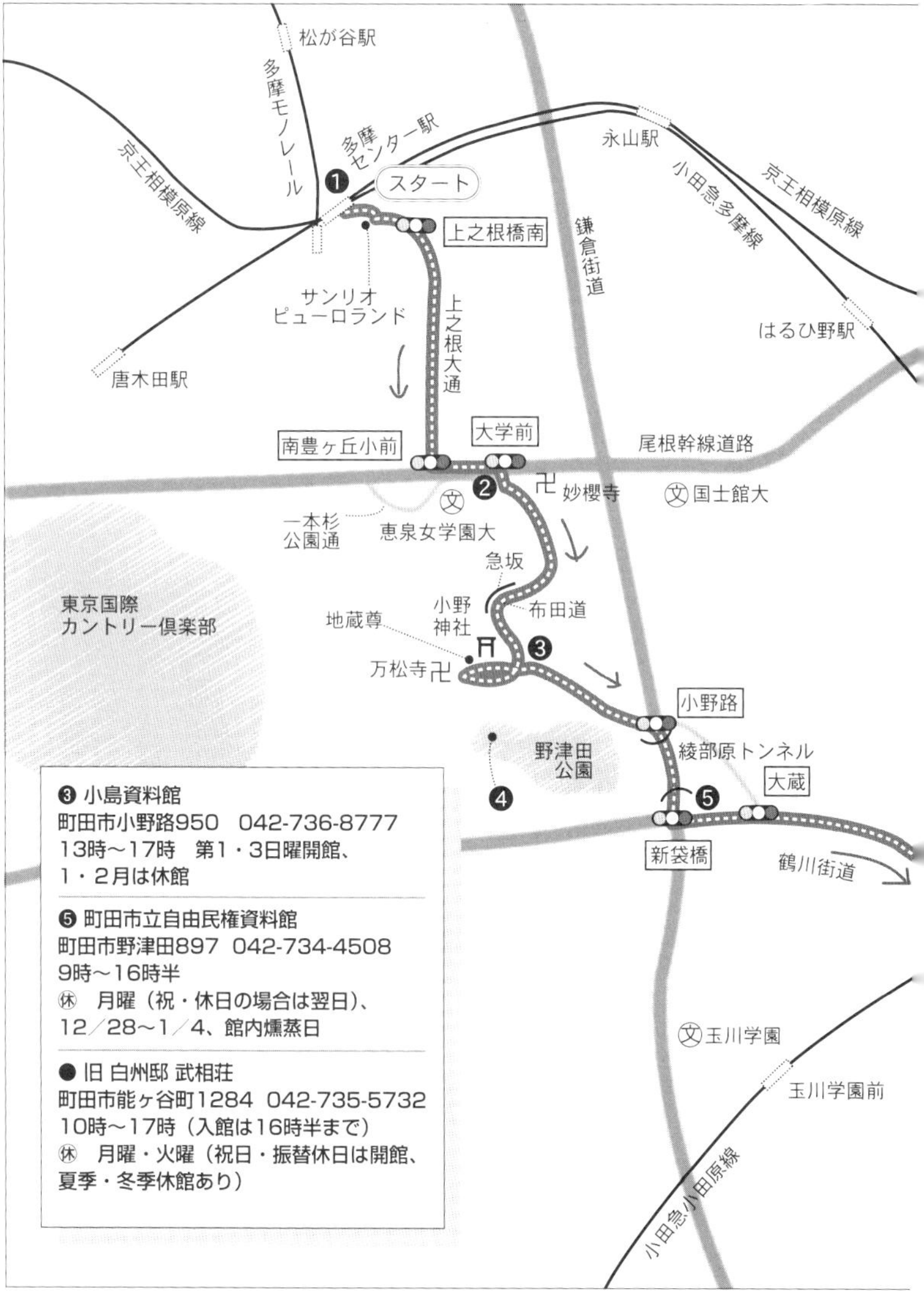

❸ 小島資料館
町田市小野路950　042-736-8777
13時～17時　第1・3日曜開館、
1・2月は休館

❺ 町田市立自由民権資料館
町田市野津田897　042-734-4508
9時～16時半
㊡　月曜（祝・休日の場合は翌日）、
12／28～1／4、館内燻蒸日

● 旧 白州邸 武相荘
町田市能ヶ谷町1284　042-735-5732
10時～17時（入館は16時半まで）
㊡　月曜・火曜（祝日・振替休日は開館、
夏季・冬季休館あり）

Columns 2

スポーツサイクルの世界へようこそ①

本書のコースのいくつかを実際に走ってみて、シティサイクル(ママチャリ)でもそこそこの距離を、ラクに走れることがおわかりいただけたのではないかと思う。そして同時に、こんなことにも気づき始めているはずだ。

「長時間乗っていると、腰とおしりが痛くなってくる…」「やっぱり坂道はしんどい。もっと軽くペダルを漕げればラクなのに」「近所のコースは行けるけれど、遠くのコースは気がひける…」

これは自転車に問題がある。ママチャリは前カゴに荷物をのせて、歩道をゆっくり走るために設計された自転車である。ライディングポジション(乗車姿勢)やタイヤの空気圧などを調整しても、やはり限界があるのだ。

本書のコースはあくまでママチャリで行くことを前提としているが、コースをより快適に楽しむためにここであえて、読者の皆さんにスポーツサイクルという選択肢を提案したい。

遠乗りするようにはできていない

ママチャリの問題点をみてみよう。

①長時間乗っていると腰とおしりが痛くなる

これは、サドル(イス)が柔らかいことに起因する。ペダルを踏み込むときに体重の支点となるサドルが柔らかいと、力が分散され、逃げた力が腰や背骨へ余計な負荷をかけるのだ。負荷に負けまいと腰などを支える別の筋肉が緊張するから、あとで痛みとなって現れる。

②坂道が重い

坂道でも軽くペダルが踏めるように、ママチャリにも3~8段の変速ギアが装備されているものがあるが、車重が15~20kg以上あるので、やっぱり重く感じてしまう。

③疲れやすい

①と②の要因が複合的に作用している。

ついでにいうと、例えばホームセンターなどで売られている1台1万円以下の海外製ママチャリに乗ってはいないだろうか?

これらは形こそ自転車だが、工作精度や材質は国産とはまるで比較にならないほどお粗末だ。だからペダルを踏んだときの印象が違う。全体が安っぽく作られているので、力があちこちで分散され、何だかペダルが重い印象だ。錆びるのも早いし機械的な耐久性も格段に劣る。まさに使い捨てするために生まれてきた、「安物買いの銭失い」の象徴だ。

そういうわけで、ホームセンターの格安自転車に乗るのは私は余りオススメしない。同じママチャリに乗るにしても、多少高くても国産の方が耐久性があるし、壊れたときに修理もできる。ママチャリとはいえ人の命を預かる乗り物であることを知ってほしい。

スポーツサイクルは異次元の走り

少ない疲労で長距離を快適に移動するなら、これらの欠点を解消したスポーツサイクルにママチャリはどうしてもかなわない。サイクリングや自転車競技のために正常進化したのがスポーツサイクルなのであって、それは当然といえば当然のことなのだが…。

「だったら、初めからスポーツサイクルをすすめてくれればいいじゃないか」という声も聞こえてきそうだが、ママチャリとスポーツサイクルの違いを体感的に理解するためにも、まずはママチャリでどこまで走れるかを実感してほしかったのである。

ママチャリの限界を知った上でスポーツサイクルに乗ると、ペダルを踏んだときにスッスッと前へ進む感覚やスピード感、そして車両の驚くような軽さに驚くはずだ。異次元の走りに「こんなにも違うのか!」と開眼するだろう。

スポーツサイクルなら、本書にある複数のコースをつなげて走ることも可能だ。少しのトレーニングで100㎞程度は問題なく走破できるのである。

「転々」気分で自転車探検

三浦友和とオダギリジョー気分でロケ地めぐり

この「転々」、ストーリーはあるにはあるが、あくまでそれは男2人の東京散歩の添え物に過ぎない。どこかトボけた、訳ありな2人が東京の風景をとぼとぼと歩いていくという、気ままでのんびりした時間の感覚こそがこの映画の持ち味だ。

ひたすら、のんびり

三浦とオダギリの散歩は多摩から始まる。今回の自転車探検の出発点は西武多摩川線の新小金井駅だ。映画の中で、オダギリが女子高生に募金をせがまれる場面に登場する。都内の駅なのにゴミしたところがまったくない、実にさっぱりとした駅だ。

駅近くの商店街もいい味わいである。電気店では地デジ移行で視聴できなくなるブラウン管テレビが投げ売りされている。誰が買うんだ？　と思うが、このユルさがたまらない。

ところで、商店街に行ったならばどうしても寄っておきたい店がある。1959（昭和34）年創業の和菓子の店、「御和菓子司 新小金井 亀屋」だ。

● 距離：約17km
● 所要時間：約2.5時間
● 難易度：★★

■ みどころ ■
2007年に公開された映画「転々」。東京を男２人が散歩する、なんとも不思議な味わいの映画だ。多摩のロケ地を走る。

ここは一体何がすごいのかというと、創業以来一貫してあんを炊くのに竈《かまど》の火にこだわっているのである。ガスの火は強くて自然な甘さが出ない、というのだ。店主の海老原満さんが焼く今川焼きを散歩のおやつに買っていく。

坂道を下って、多摩川線のアーチをくぐると野川公園に出る。釣り糸をたらすおじさんと、それを眺めるおじさん。平日の昼間なのだが、ここだけ時間の流れ方が違う。野川に沿って走り、管理事務所の脇から東八道路を渡る。そのまま公園を南に走ると、頭上を軽飛行機がかすめていく。もうすぐ調布飛行場だ。

調布飛行場は、金網越しに飛び立つ飛行機を眺めながら、三浦がオダギリに「俺の散歩に付き合え」と持ちかける場面に登場する。観客を映画のペースに引きこむ重要なシーンだ。

空が広くて気持ちいい。飛行場が見渡せる小高い丘があるので、そこでひと休みしよう。刈り込まれた草が風になびき、子連れママさんや、私のように自転車散歩に来た人などがいる。実は普段から、私はよくこ

平日の昼間なのだが

こにお茶を持って通うのだが、気持ち良さに昼寝してしまうこともしばしばだ。今日もマイボトルにお茶を入れて家を出たので、さっき亀屋で買った今川焼きをいただくことにする。甘さがしつこくなく、お茶とよく合う。

太宰、アングラ、ソフトグライダー

さて、「転々」ではここから程近い神代植物公園も登場するが、有料なのでパス。一足飛びに井の頭公園をめざす。再び野川を渡って路地を行く。国分寺崖線の真下にあたるこの辺は湧き水も豊富で、バケツで流水を受けている場所がある。夏場はスイカでも冷やしているのだろうか。天文台をまわりこんで東八道路を越え、人見街道を右折するとケヤキ並木に出る。太いケヤキが何本もよく残っている。さらに武蔵

対面通行が残念な自転車レーン

境駅前に通じるかえで通りを左に曲がり、少し走ると「自転車レーン」(コラム④、120頁参照)だ。この自転車レーン、車道に自転車の走行スペースを確保するというコンセプトは良いのだが、ガードレールで仕切られた狭いレーン内を自転車が対面通行しなければならない。どうせ作るなら一方通行タイプの方が安全だ。お金のかかるガードレールもいらない。

連雀通りを右に曲がってしばらく行くと、文豪の森鴎外、太宰治が眠る禅林寺が現れる。せっかくだからと寄ってみると、関西方面から大型観光バスが来ているではないか。バスの表示には「文学散歩　ダザイを旅する」。そして向こうから歩いてくるのはツアー客のおばちゃんたち。太宰のお墓を見るために、わざわざ関西からやってくるとは…。私のようなヒマ人、いやいや「時間持ち」が世の中には結構いるようだ。

この先、吉祥寺通りを左折すればまもなく井の頭公園だ。ジブリ美術館の脇から公園に入ると、どこかのアングラ劇団がテントのやぐらを組んでいる。唐十郎の劇団「唐組」も時々ここで芝居を催す。一度観たが、あまりに浮世離れしすぎていてチンプンカンプンだったのを思い出した。

玉川上水を越して井の頭池に下りると、東京散歩を出発するにあたり、三浦とオダギリが待ち合わせた橋に出る。ボートが浮かび、噴水が夕日を浴びて輝く。平和な風景だ。

その橋のたもとにある売店で、ふとあるものに目が止まった。何とここには子どもの頃によく遊んだ「ソフトグライダー」があるではないか！　知らない人には何のことやらだが、ソフトグライダーとは発泡スチロールでできた手投げの飛行機のおもちゃのことだ。零戦やらグラマンやらいろ

いろな機種があって、当時は夢中になって遊んだ。懐かしかったので零戦と、ゴムで飛ばすジェット機の２つを買うが、値段は１個１５０円もする。30年前は50円だったのに。

１９１８(大正７)年から店舗を構える「花見茶屋　水月《すいげつ》」の店主、冨岡俊子さんが話すには「もっと昔は30円だった」。このところの原油価格の高騰のあおりを受けて、急に値段が上がったそうだ。最近は子ども連れのお父さんが、当時を懐かしんで子どもに買い与えるというソフトグライダーだが、バーチャルなゲームソフトになじんだ今時の子どもたちに受け入れられるのだろうか。

「転々」の中の東京はどこか懐かしく甘い。自転車でトレースすると、せわしない日常からは見えなかった、ゆったりと温かい風景が見えてきた。

Route

❶新小金井駅→❷御和菓子司 新小金井 亀屋 →❸自転車レーン
→❹禅林寺→❺井の頭公園→❻花見茶屋　水月→❼吉祥寺駅

❷ 御和菓子司 新小金井 亀屋
小金井市東町4-8-15　042-381-3074
10時～21時　不定休

❻ 花見茶屋　水月（売店）
三鷹市井の頭4-1-11 井の頭恩賜公園内
0422-43-7585　夏季　10時～18時頃
冬季　11時～17時頃　無休

ユーミンが唄った立川

米軍基地の面影も、今は昔

ユーミンこと荒井由実（松任谷由実）の名曲「雨のステイション」が、JR青梅線西立川駅の情景を唄ったものだということは有名な事実。今回はユーミンが唄った立川の風景を探しに、ペダルを漕ぐことにしよう。

● 距離：約15km
● 所要時間：約1.5時間
● 難易度：★
■ みどころ ■
立川基地跡地周辺に、ユーミンが唄った風景を探し求める。アメリカの風景は、フェンスの向こうの森に消えてしまった…？

ユーミンの立川は雑草の向こう

国営昭和記念公園へと続く西立川駅北口は「何もない」。週末は公園への来園者で賑わうのだろうが、コンビニ店舗の一軒さえない、橋上のスペースがあるだけの寂びた風情の駅だ。

そんな駅前に花を添えるのが、２００２年に設置された「雨のステイション」の歌碑である。歌詞の書体はユーミンのものだろうか。歌碑に添えられた説明文によれば、十代のユーミンはディスコで夜通し踊って、始発の電車で帰ってから登校したのだとか。霧に包まれた線路の向こうの信号が変わるたびに街も赤や青に染まる。始発を待つ西立川駅でのちょっと幻想的な情景を唄ったのが、

「雨のステイション」というわけである。

この曲が収録されたアルバム「COBALT HOUR」が発売されたのが１９７５年。その頃の西立川駅は、米軍基地に隣接した「基地の駅」だった。戦前の陸軍立川飛行場と航空工廠、そして戦後の米軍立川基地、というように、立川は長らく軍都としてその名を知られた。

その基地跡地を造成して樹木を植えたのが昭和記念公園であり、西立川駅前に広がる緑の帯、ということになる。漕ぎ出すと、もとは基地だった公園のただならぬ広さに唖然とする。中神方向に向かうが、右側が公園で、左側が青梅線。そして道路と青梅線の間の空間はフェンスに囲われて、木や草がぼうぼうに茂っている。アメリカから返還されたものの、使用されていない国有地だ。

西立川駅前の「雨のステイション」歌碑

やがて右側も公園区域が途切れ、剪定されていない伸び放題の樹林に変わった。基地跡地の西半分は、１９７７年の全面返還以降今日まで、今もフェンスに囲われたままの空間だ。走っていると、左右を密林に囲まれたかのような圧迫感に襲われる。とても、ユーミンの甘くけだるい歌詞世界を偲べる雰囲気ではない。フェンスの向こうを凝視すると、汚れて傾いた黄色い消火栓と、雑草に呑みこまれそうな白い建物が見えた。

遠ざかるアメリカ

「COBALT HOUR」が発売されたのはユーミンが21歳のときだが、彼女は高校時代、立川基地で働く友人のツテを頼って時折、基地内の売店で輸入レコードを買い求めていたという。彼女の目の前に広がるのは公園ではなく基地だったわけだが、雨に煙る向こうにフェンスと鉄条網が果てしなく続く光景を想像すると、それはどこか淋しく、感傷的だ。しかし金網の向こうにはアメリカがあり、ティーンエージのユーミンを惹きつける華やかな消費文化もまた、垣間見えたに違いない。

いくつか交差点を曲がり、跡地に沿って北上すると、ユーミンの唄「LAUNDRY GATEの思い出」で知られるランドリーゲート跡に出る。基地内にあった洗濯工場（ランドリー）の通用門だった場所だ。ここのバス停もランドリーゲート前と呼ばれていたが、１９９８年に富士見通りに変わった。

付近には中神駅から基地へとのびた引込線跡もある。線路の一部と転轍機がモニュメントとして残り、当時線路だった場所は道路になっている…と思ったら、すぐ近くに米軍ハウスもあるではないか。まだ、まばらにハウスが点在しているようだ。さらに跡地に沿って走ると、何軒かハウスが固まって残っている場所に出くわした。

その内の一つで、ハウスに越して30年近く経つという住人に話を聞くと、かつて付近一帯はほとんどがハウスだったそうだ。それが年を追うごとに取り壊され、この一角だけになってしまったのだという。今あるのは、マンション建売住宅などが混在する、戦後ニッポンのありふれた風景だ。「LAUNDRY GATEの思い出」は、友達が立川からアメリカへ飛び立ってから寂れてしまったランドリーゲートの情景を唄っているが、まさにそんな印象だ。

ユーミンが唄った立川の風景は、既に遠くフェンスの向こうに消えてしまっていた。

新しい生活の気配

そのまま基地跡地に沿って走ると、陸上自衛隊立川基地の滑走路を見渡す場所に出る。滑走路の延長を巡って、かつて激しく戦われた砂川闘争の舞台も、このあたりだったのだろうか。立川基地の歴史は土地を守る農民の戦いの歴史でもあり、

国営昭和記念公園の南側。基地の面影はほとんどない

アメリカ文化への郷愁だけで語れるものではない。

今や跡地には自衛隊をはじめ公共施設が誘致され、管理された公園や、整然と区画された行政区域に変貌した。ケヤキの続く緑地帯は美しいが、しかし整いすぎてはいないだろうか。清潔なのはいいけれど、生活の匂いがしないのもいかがなものかと思う。

そんな風景に変化をもたらしているのが、多摩都市モノレールの下を走り、基地跡地と立川駅北口をつなぐ太い通りだ。通りといってもクルマが走るわけではなく、ベンチや路上アートが配置してある公園みたいな場所である。ここはママチャリに乗った人が行き交っていたり、ベンチで寝そべる人がいたり、と生活の気配がある。ユーミンの立川は戻らないが、新しい人の動線は新しい街の雰囲気をつくっていくのかもしれない。

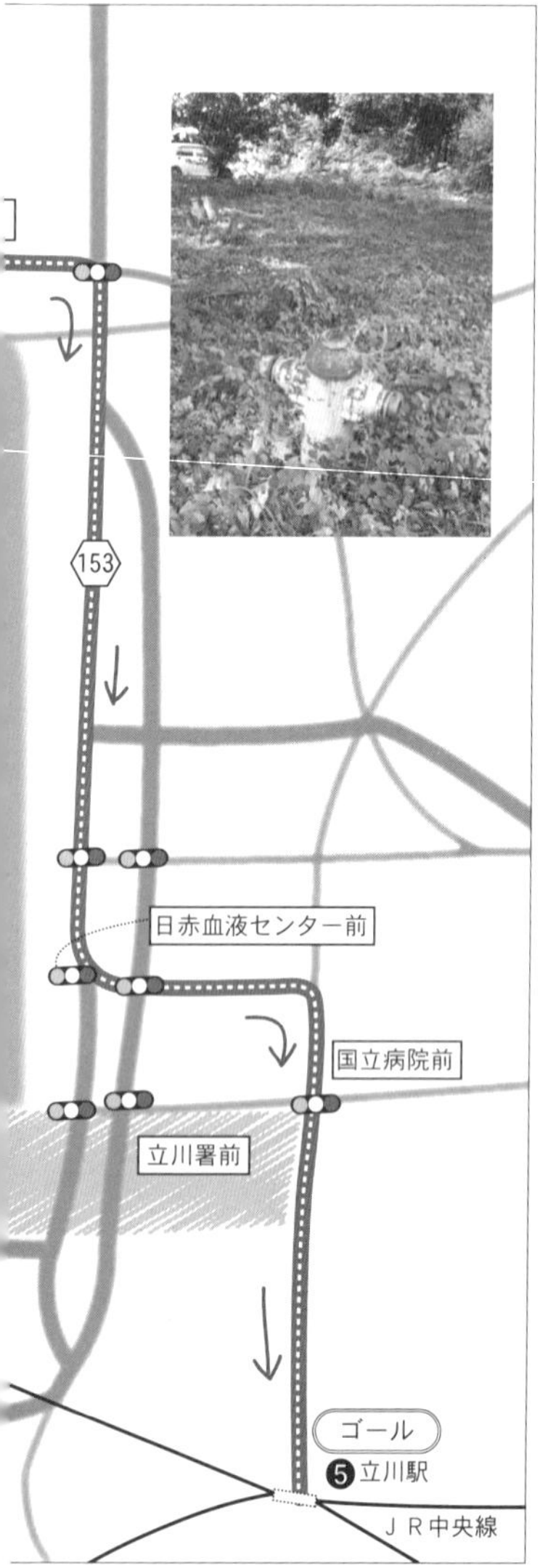

Route ❶西立川駅→❷ユーミン歌碑→❸ランドリーゲート跡→❹ハウス点在→❺立川駅

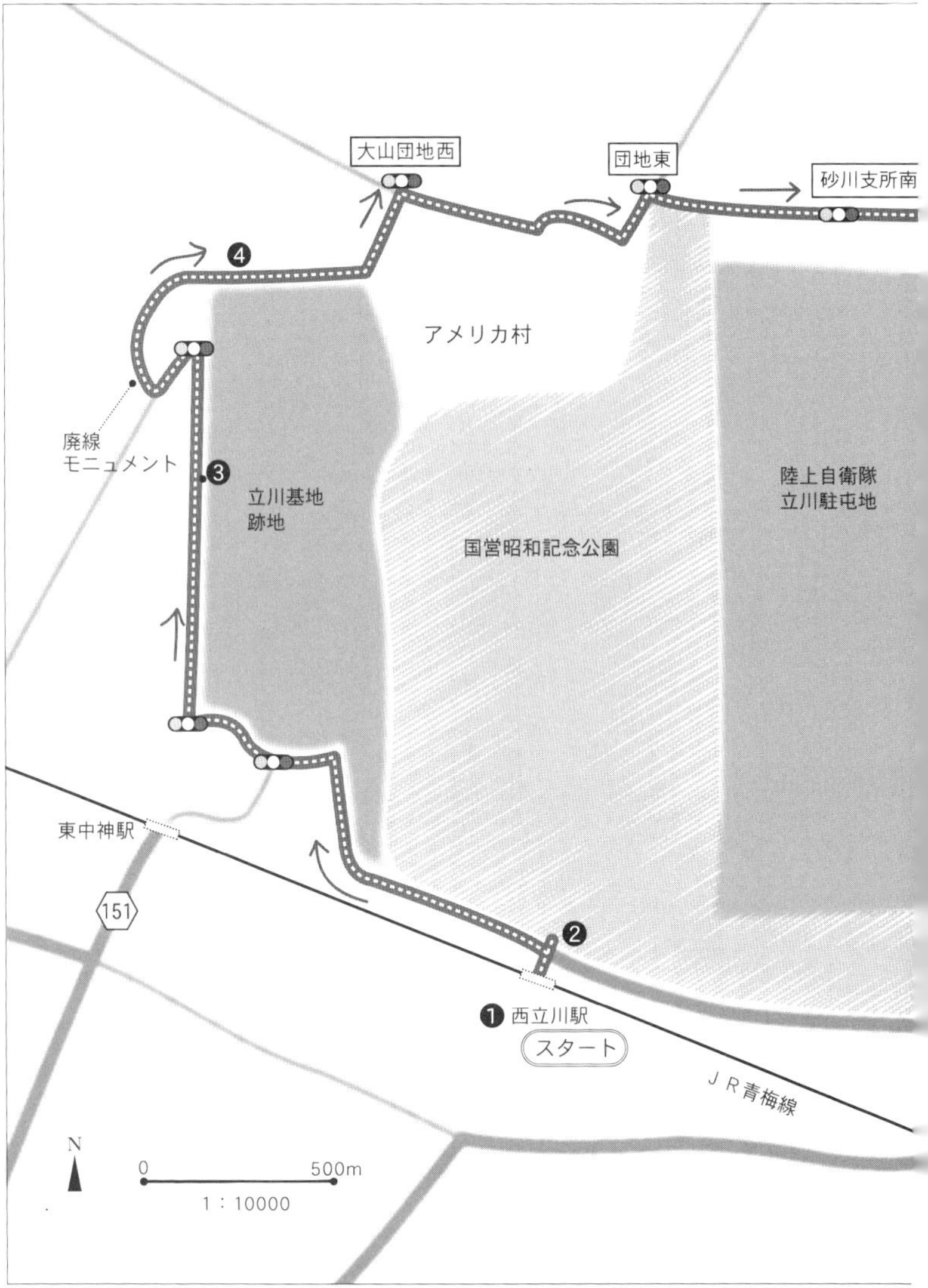

福生の街は『風味絶佳』？

山田詠美が描いた、基地とハウスのフッサ

● 距離：約8.8km
● 所要時間：約2時間
● 難易度：★

■ みどころ ■
映画「シュガー＆スパイス風味絶佳」の舞台を走る。横田基地と米軍ハウスを抜きに、フッサの魅力（魔力？）は語れない。

２００６年公開の映画「シュガー＆スパイス　風味絶佳」。のちに「お騒がせ女優」となってしまった沢尻エリカだが、いい演技を見せていた佳作だ。福生のガソリンスタンドで働く若者を柳楽優弥、かつて基地の米兵と大恋愛をした祖母「グランマ」を夏木マリが演じたが、その若者と恋に落ちる女の役が沢尻だったのである。

その二人の恋の舞台がまさに米軍ハウスだったのだ。山田詠美の原作小説では『中神のアパート』となっているが、甘い生活とはかない恋の終わり、そして福生をフッサたらしめる空気感の演出に、ハウスという道具立ては欠かせない。

これぞ基地の風景

何を隠そう実は私、多摩に越すずっと前から福生に通い続けている。といっても年に一、二回だが、日本なのに日本でないねじれ感、社会による規格化を拒むかのようなハウスの住人の自由な暮らしぶり（それは外から眺めるだけでも十分に伝わる）、つまりはそうした異国風味やらヒッピー風

「フジヤマ・ファニチャー」店内

味やらが渾然一体となって醸し出す開放感に時々浸りたくなるのだ。

ＪＲ青梅線牛浜駅前を出発して、五日市街道を横田基地方向へ。第5ゲート前を南北に走る国道16号には、アメリカ風味の家具店や若者を意識した雑貨店などが建ち並ぶ。「アメリカ通り」とでもいうべき商店街が形づくられている。

その中の一つ、雑貨店「ジャイプール」は映画にも登場した。店内にはお香やらサングラスやらアクセサリーやらが所狭しと並ぶ。そして、その少し先にあるのは米国風アンティーク家具の店「フジヤマ・ファニチャー」。外壁の花ブロックがアメリカンテイストを強烈に主張する。ハウスを借りたら調度品をそろえるのに重宝するだろう。

第2ゲート前で左に入る。米軍人とその家族が多く行き交うこの通りは、外国と基地の存在を最も強く印象づけられる場所だ。角にカフェ「ズコット」のある路地を行くとＪＲ八高線東福生駅が。映画の中の東福生駅はところどころ錆びた歩道橋の存在感が良かったのだが、今ではすっかり化粧直しされている。踏切を渡り、横田基地住宅地区の金網に沿って走るが、いつ見てもフェンスの向こうは広々としていて暮らしやすそうだ。大型ショッピングセンターとかテレビショッピングとか大量消費文化とか、日本もすっかり本場並みにアメリカナイズされてしまったけれども、こういう大陸的な鷹揚さだけは決して真似できないだろう。

基地をぐるっとまわりこむように走ると、再び16号に出る。ここから南下するが、基地側車線へ渡る横断歩道がない上に、基地側車線は歩道もなく、また交通

横田基地第２ゲート前

量も多くて危険なので道路右側の歩道をゆっくり走る。かつて屋上の展望台から滑走路が見渡せたドライブインはとうの昔になくなり、跡地はボウリング場とコンビニになっている。第2ゲート前まで戻ってわらつけ街道に入ると、道の両側に今も多くの米軍ハウスが残るのだが、来るたびに数を減らしているのがさびしい。

家賃十ン万円！

築50年以上たつ米軍ハウスはいわずと知れたフッサの象徴だ。かつて多くのミュージシャンやアーティストがハウスで暮らし、共同生活などもしながら自由を謳歌した。4LDK庭付きという今見ても恵まれた空間から、多くの楽曲やイラスト、小説などの作品が巣立っていった。隣近所でバーベキューパーティーを楽しむなど、ハウス住人のコミュニティも自然と形成されていったのだという。しかし今、その頃の勢いはない。ハウス自体が数を減らしているし、モノだけは十分に豊かになった今、アメリカ文化への憧れも薄らいだ。

けれども興味深いのは、今もハウスに住みたいという人が引きもきらないことだ。空家物件の表示が出ていたので不動産屋に賃料を聞いたところ、月額実に十ン万円！　今と違って断熱機能などという気のきいたものは装備していない米軍ハウスは、夏は暑くて冬寒い。シロアリ、雨漏り、地震など、憧れを脇において真剣に住むことを考えたら、手のかかることおびただしい住まいが米軍ハウスなのだ。それなのに、高い家賃でも構わないから住みたいという人が現れる。

私も木造平屋建ての借家に住んでいるから、その気持ちはなんとなくわかる。そういう人はおそらく自由業を営み、会社や組織に縛られることを嫌う人だ。自分の仕事を持っていて、かといって一匹狼ではなく、自分が信頼できる友達や隣人とは仲良く暮らしたいと願う、そんなタイプの人ではないだろうか。「シュガー&スパイス」でいえば、若者よりもむしろグランマに近い。

自分のペースを大事にする人なのである。しかも基地の血なまぐささや騒音が気にならない人が、普通の間取りに飽き足らず、フッサで米軍ハウスを借りて、やがて出て行く。マイペースな自由人のよりどころとして、この先もハウスがフッサの風景をつくり続けてくれたら、と願う。

ところで、お腹が空いたら16号沿いのラーメン屋「福実」がうまい。ここは山田詠美や忌野清志郎が通ったことでも有名だ。

福生の米軍ハウス。広い庭と贅沢な間取りは今でも魅力だ

Route

❶牛浜駅→❷雑貨店「ジャイプール」→❸家具店「フジヤマ・ファニチャー」→❹横田基地住宅地区→❺ラーメン屋「福実」

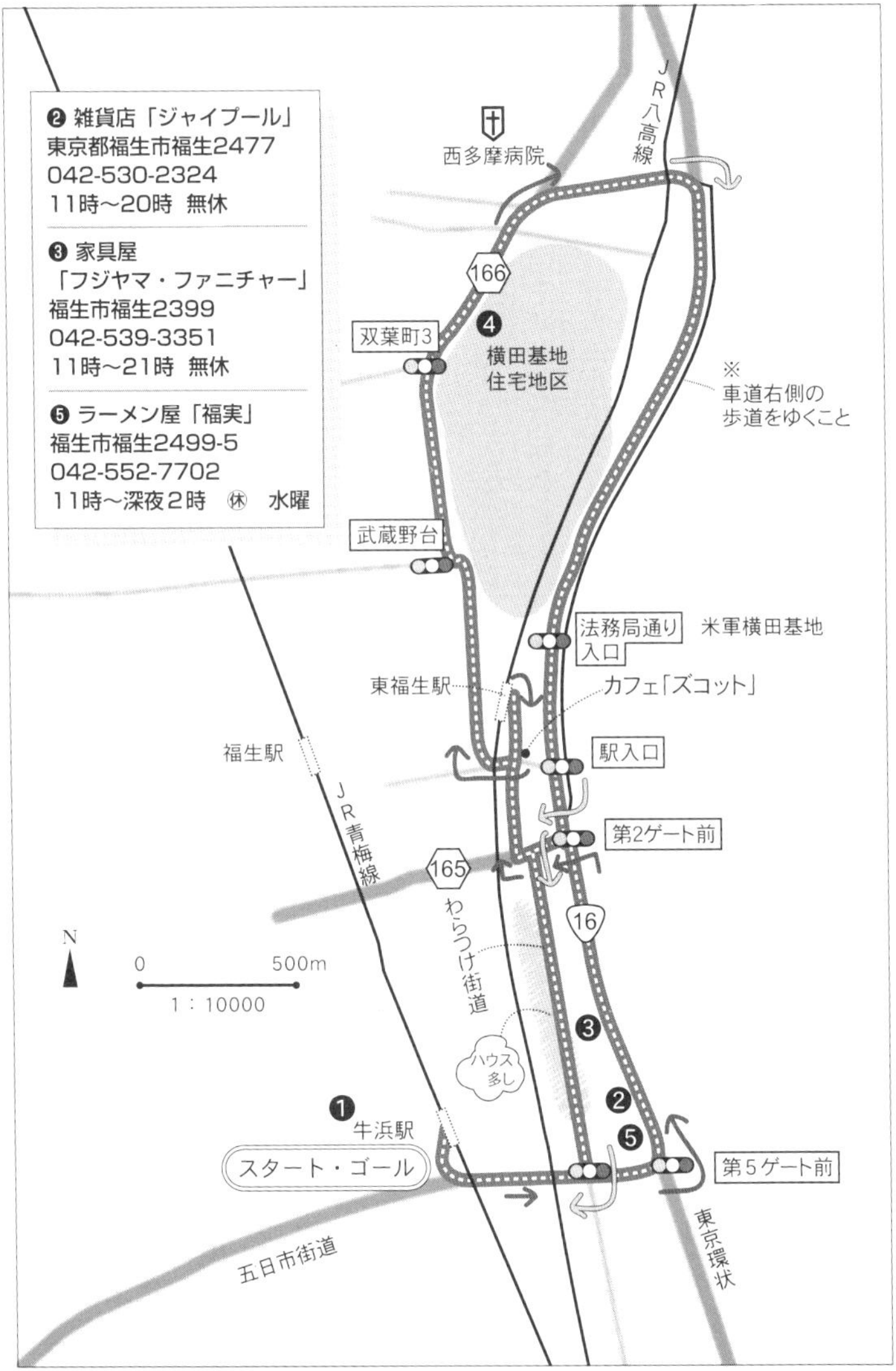

中央線とおコブさま

川上弘美『東京日記』の風景をゆく

●距離：約6km
●所要時間：約1時間
●難易度：★

■みどころ■
芥川賞作家の川上弘美が綴ったエッセイ『東京日記』。はしばしに三鷹や吉祥寺界隈の情景が見え隠れする。

川上弘美の文章はとぼけている。

文体は無駄がなく簡潔なのだが、話の飛んでいく方向が意表を突いているのだ。そこに落ちるのか、という感じである。今回のコースで取り上げるエッセイ、『東京日記　卵一個ぶんのお祝い。』（平凡社）もそうだ。

「二月某日　雨　突然、自分が無趣味であることに気づく」

気づくか普通？　と思うが、わからないではない。まあいい。

「二月某日　曇　趣味についての検討を続ける。薙刀か、レース編みか、煙草の空き箱収集、までは絞れたのだが、どうしてもそれ以上の絞り込みができない」

もう少し穏当な絞り込みはできなかったのか。この辺から読者は川上ワールドにずるずると引き込まれていく。悩みつくした著者は「レース編み」に決めるのだが、今度は、

「二月某日　晴　レース編みをしなければ、という重圧に一日苦しむ」（以上、98～99頁）

…苦しむなよ趣味で！　と思うが、まあ、こんな調子が続くのである。日常の風景がささいな思

吉祥寺の住宅街を中央線が走る

い込みの重なりでぐにゃりと変形していくさまが笑える。人の頭の中の妄想を覗き見しているような、助平な気分にさせてくれるのだ。

川上の文体はまた、あの「不条理マンガ」の吉田戦車をもほうふつとさせる。傑作4コマ『伝染る《うつる》んです。』の登場キャラクターのへんてこさ加減を文学に置き換えた感じか。ちなみにその吉田戦車は調布市在住という。自転車散歩本『吉田自転車』を出すほどの自転車好きだ。

本当にあった！ おコブさま

聞くところによれば、川上は三鷹や吉祥寺の駅近くの書店もよく利用するという。そんなわけで、さっそく三鷹駅南口を出発する。コース④、⑤で走った玉川上水のさらに下流が駅前から続いているが、三鷹と玉川上水とくれば太宰治だ。駅から500mくらい走った玉川上水右側の道路の歩道に、太宰治入水の場所を示す銘板があるが、ここから最も近い上水の桜の木には大きな瘤《こぶ》があり、川上はこれを「おコブさま」と呼んで手を合わせているらしい（『東京日記2　他に踊りをしらない。』平凡社）。そんなに有り難いもんかねえ、としげしげと眺めるうちに、こんなに大きいんだからさぞ有り難いものなのかも、と思いかけ、川上のペースに引き込まれていることに気づき、「きゃっ」と悲鳴をあげた（ウソです）。

むらさき橋を渡って上水沿いを進み、井ノ頭通りには出ずにあえて井の頭自然文化園の裏手に続く路地に入る。自然文化園の真裏からは、壁越しにミニ遊園地の遊具（メリーゴーランドか何かだと思う）のメロディーが聴こえてきて、しばらく立ち止まって聴いてしまう。甘酸っぱい気持ちになりながら、その気持ちのでどころがわからず戸惑う。

『東京日記』には中央線の高架の描写もある。電車に乗って出かける川上にとって、オレンジ色の電車はきっと生活の一部だ。この付近からも家々の向こうを行き交う電車がよく見える。

いせやとアーケード

「十二月某日　晴　吉祥寺のやきとり屋「いせや」の前を自転車で通る。…タレのいい匂いがただよってくる。…普通のやきとりの串に混じって、鶏をまるごと一羽焼いている串が何本かある。さすがクリスマスイブだ」（『東京日記　卵一個ぶんのお祝い。』44頁）

ウソでしょう、それは。

川上は同書あとがきで「すくなくとも、五分の四くらいは、ほんとうです」と書いているが、実店舗の名前を出して鶏一羽を串で打つというウソ話はいかにも気っ風がいいことであるなあ、と読んだときに私は思った。

吉祥寺駅南口「いせや総本店」は長らく木造店舗だったが、2008年6月にビル店舗に衣替えして新装オープン。といっても旧店舗の雰囲気を極力再現したつくりになっている。もうもうと立ちこめるやきとりの煙に引き寄せられて、「ミックス焼き鳥（4本）」320円をいただく。自転車でなければ一杯ひっかけているところだ。

「川上弘美という小説家が、ここでクリスマスに鶏一羽まるごと焼いているって書いているんですが…そんなわけないですよね」

私は、店長の西島泰助さんに訊いてみる。

もうもうと煙が立ち込める「いせや」の店内

すると「今はやめちまったんだヨ、新装前はやっていたんだけどネー」と言うではないか！　クリスマスイブのいせや鶏丸焼きは事実だったのだ。

川上さん、疑ってすみませんでした（てっきりウソだと思っていたのに…）。

吉祥寺駅前交差点から駅南口に続く路地にはびっしりと定食屋や飲み屋が並ぶ。その向こうにはユザワヤの看板が。北口に出て、自転車を押しながらサンロードを行くが、このあたりも川上はよく通るらしい。アーケード出口の古本屋も覗いていくそうだ。『東京日記』はまた、主婦でもある川上の生活感に満ちているが、駅北口から続く中道通り商店街にも庶民の生活感はそこはかとなく漂う。おしゃれな若者向け店舗が多いが、八百屋や花屋などの昔ながらの店舗も頑張っている。

この先五日市街道に出て、武蔵野市立中央図書館前を通る。文中にちらりと出てくる「中央図書館」とは、恐らくここではないか。小金井市民の私も利用するが、蔵書数が多くてノートＰＣも持ち込める、使える図書館だ。本を頼りに実際に走ってみると、私の近所でびっくりする。それと、同じ景色を見ても思いもよらぬ視点で世界を編み上げる力はやはり小説家ならでは、と感服した。

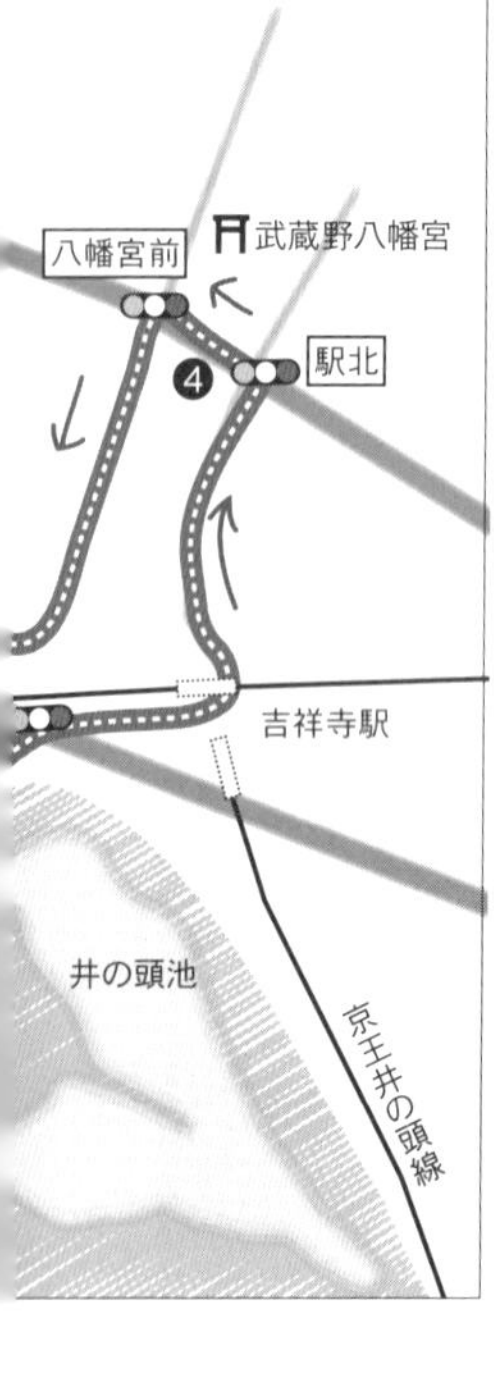

Route ❶三鷹駅→❷太宰治入水の場所→❸いせや総本店→❹古書店→❺武蔵野市立中央図書館

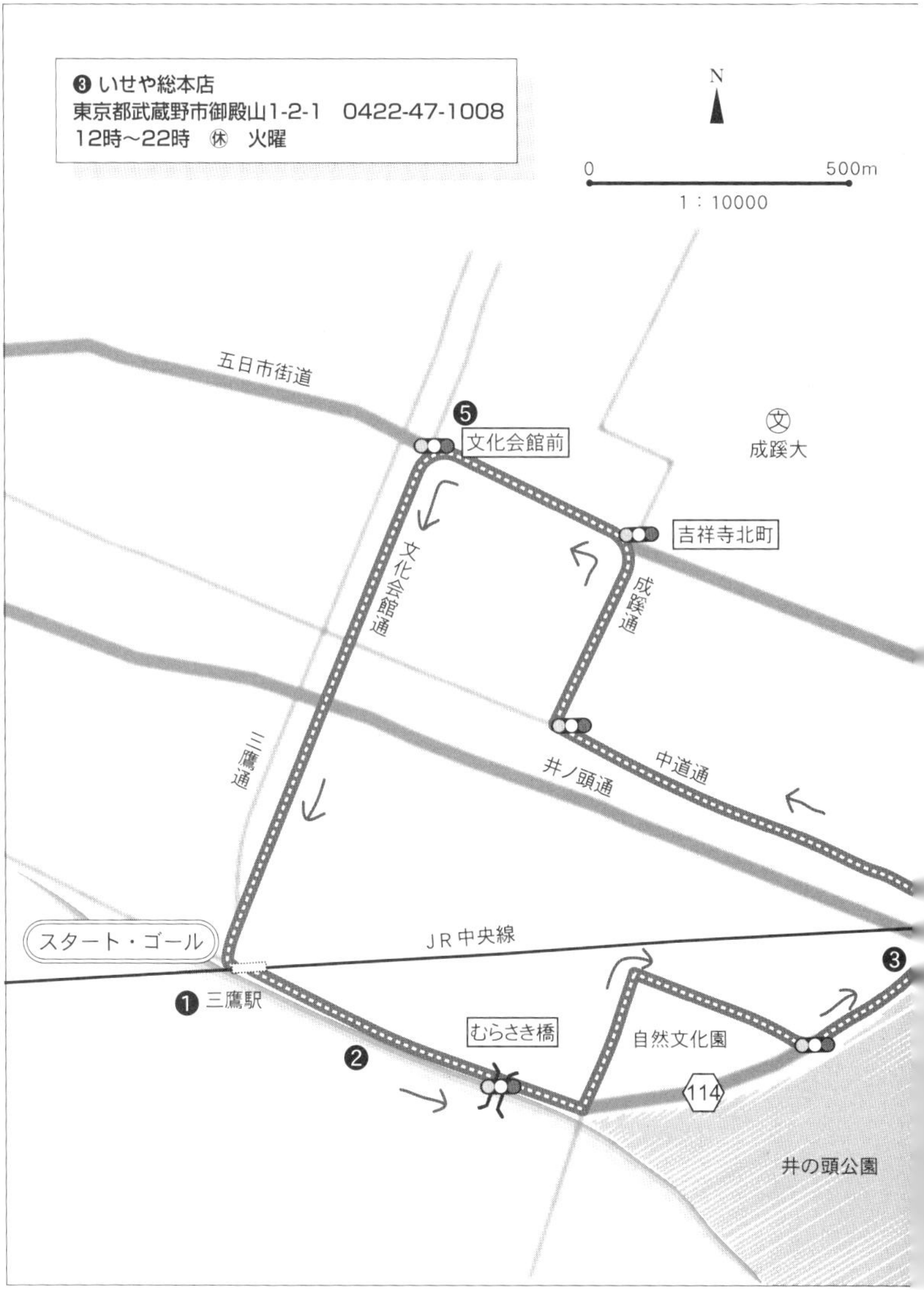

Columns 3

スポーツサイクルの世界へようこそ②

さて、ひと口にスポーツサイクルといっても、実に様々な車種がある。

●**ロードバイク**…ドロップハンドルや細いタイヤ、軽量フレームを装備。車重は10kg以下と軽量で、ラクにスピードを出せる。

●**マウンテンバイク（MTB）**…バーハンドル、太いタイヤ、丈夫なフレームを装備。オートバイのようにサスペンション（緩衝装置）を備えているものも。未舗装路などを走破する。

●**クロスバイク**…細いタイヤとバーハンドルが特徴。街乗り向き。

●**小径車（ミニベロ）**…車輪が20インチ以下のスポーツ車。街中をキビキビ走れる。

●**ツーリング車**…ランドナーやキャンピング車など日本で早くから普及したサイクリング車。

初心者向けにはクロスバイク

この中からどれを選ぶかといわれれば、私はクロスバイクをオススメしたい。

理由として、ロードバイクのドロップハンドルは初心者には違和感が大きい。MTBはタイヤが太くて疲れる。ツーリング車はサイクリングにうってつけだが、販売店舗が少ない。

つまり消去法で選別したときに浮かび上がるのが、クロスバイクなのである（ミニベロでも良いが、長時間乗車時の疲れがクロスバイクよりは大きい）。価格は2万円台からあるが、5万円以上のものを選べば長く付き合える。

次に大事なのは「どこで買うか」だ。近頃は量販店やスポーツ車専門店も増えてきた。店員に初心者であること、予算の範囲などを伝えておけば、条件に合った1台を選んでくれるだろう。こちらの不安や疑問を遠慮なく伝えることも大事だ。面倒臭がらずに丁寧に対応してくれる販売店であれば、後々安心できる。

スポーツ車を買ったら安全装備としてヘルメット、グローブ、ゴーグルは揃えよう。もしもの事故に備える傷害保険への加入も常識だ。

こだわりの1台という手も

初心者が始めるスポーツサイクルのもう一つの選択肢として、身長や手足の長さをもとに自転車のフレームの寸法を決め、手づくりする「フルオーダー」がある。オーダースーツの自転車版である。乗りやすさ、疲れにくさでは随一だ。

「ケルビム」店内

多摩にもフルオーダーの受注を引き受けるショップがいくつかあるが、町田市根岸町の「ケルビム」は全国にファンを持つ。オーナーの今野真一さんは「初めての人こそ、フルオーダーに乗ってほしい」と話す。最近はスポーツ車初心者からの受注も増えているそうだ。

価格は30万円以上と破格だが、末永くスポーツ車と付き合いたいなら、一考に値する。

●CHERUBIM(ケルビム)
有限会社　今野製作所
町田市根岸町381-1　☎042-791-3477　13時~19時 ㊡水曜、第3木曜
http://www.cs-cherubim.com/
※忌野清志郎もオーダーした店。

●旅自転車専門店　ベロクラフト
武蔵野市吉祥寺本町4-3-14
☎0422-20-3280
11時~20時（土日祝　10時~20時）㊡水曜
http://www.c-w-s.co.jp/velocraft/
※ツーリング車「トーエイ」のオーダーが可能。

中島飛行機の残影をたどる

引込線跡は遊歩道に、投下された爆弾の破片も

● 距離：約8.2km
● 所要時間：約1.5時間
● 難易度：★

■ みどころ ■

かつて中島飛行機の工場があり、「零戦」や「隼」などのエンジンを生産していた武蔵野市。戦争末期には空襲の標的となった。

太平洋戦争中に「隼《はやぶさ》」「疾風《はやて》」などの戦闘機を生産していた中島飛行機は、敗戦とともに解体されて民需の会社へと転換を遂げる。その最も大きなものが、今日スバルブランドの自動車を製造する富士重工業であるわけだが、武蔵野市内にはかつて、航空機のエンジン製作を担う中島飛行機武蔵製作所が存在した。往時の痕跡は、今も残っているのだろうか？

武蔵境駅付近からのびる廃線跡

武蔵境駅北口を出て東の方向、線路に沿って三鷹方面に向かって進もう。右に踏切を見つつ交差点を渡って進むと、程なくして左にゆるやかにカーブする。これが、武蔵製作所へと続いた引込線の跡だ。もともとは、境浄水場に砂を運ぶための線路だった。しかし、戦争にともなってエンジン増産が本格化する１９４２年頃に工場へと付け替えられたという。

車道は程なく終わり、そこから先は本村第２公園だ。さらに進んで通りに出ると、道路の向こうにも引込線跡が続くが、これは浄水場へと向かう。ここで右折して進むと、すぐ左側にも線路跡が

鉄道橋の台座跡が確認できる

あり、こちらが武蔵製作所へと続いていた。現在は「堀合《ほりわい》遊歩道」となっている。

遊歩道が玉川上水に交差する部分では、かつて上水をまたぐ鉄道橋があったのだろう、橋の台座と赤く錆びた鉄筋が確認できる。台座付近のコンクリートの擁壁は、ちょうど線路の路盤の山形をしており、往時を偲ばせる。

浄水場から先の線路跡は「グリーンパーク遊歩道」と名を変える。名前の由来は、敗戦後に武蔵製作所を接収した米軍が、跡地を軍人と家族のための住宅「グリーンパーク」として使用していたことによる。グリーンパークに隣接して野球場も建設されたため、観客を運ぶために三鷹駅側から新たに線路が敷かれた。

しかし、球場はほどなく閉鎖されてしまったという。本来の工場への引込線は、武蔵製作所の縁に沿って敷設されていた。

広大な武蔵製作所

グリーンパーク遊歩道は吉祥寺通りと五日市街道を交差して、武蔵野中央公園に行き当たる。ここがかつての武蔵製作所の跡地だ。広い原っぱの向こうには、NTT武蔵野研究開発センターの超近代的な建物がそびえる。この一帯すべてが工場だった。その広さを体感するため、敷地の外周に沿って走ってみよう。

遊歩道を出て右に進むと、左側に中層マンションが立ち並ぶ。突き当たりを右折して北へ。左に武蔵野市役所、右手に陸上競技場が見えるが、競技場は戦前は中島飛行機のグラウンドだった。市営プール前交差点を左折して進むとNTT施設の裏手に出る。道なりに進んで関前橋交差点を左折して、さらに八幡町交差点を左に入ると元の場所に戻る。

今でこそ公園や公共施設、集合住宅などになっているが、かつてはここから数万台の航空機のエンジンが生産され、出荷されていったのである。そのため、米軍の最重要攻撃目標として、1944年末頃から数度に渡る空襲にさらされ、工員、市民、兵士あわせて1200人以上の死者を出したと伝えられている。

今も残る空襲の傷跡

公園南側の入口（出入口1）の正面から路地に入って五日市街道を左折してすぐの延命寺には、空

250kg 爆弾の破片。延命寺にて

襲の犠牲者を悼む平和観音菩薩像があり、その側にはB29が落とした250kg爆弾の破片が置いてある。

住職の中里崇亮氏は、小学生のときに空襲を体験している。「寺の門の付近に数発の爆弾が落下するのを見た」という。東隣の源正寺には、爆撃で大きく抉られた墓石が今も残る(※)。

オシャレな街・吉祥寺を抱え、戦争のイメージからは全く程遠い武蔵野市だが、こうして見てみると、軍需工場を抱えたがための傷跡を今も引きずっていることがわかる。都市計画によって整然と区画整理された近代的な街並みは、かつてここが軍事上の戦略拠点だった名残なのである。

五日市街道を東に走り、三鷹通りを右折して直進すれば三鷹駅前だ。

※非公開。訪問はご遠慮下さい。

◆オプション◆
中島飛行機研究本館だった、ＩＣＵ本館

戦前は国内最大の航空機メーカーだった中島飛行機だが、その研究所は調布飛行場に隣接する三鷹市大沢にあった。研究所ではエンジンや機体の設計や試作を担当していたが、敗戦とともに敷地の大部分がＩＣＵ(国際基督教大学)として使われることとなった。

そのＩＣＵの本館が、かつての中島飛行機研究本館であり、改装して現在も使われている。1943年の竣工当時、研究本館時代は3階建てだったが、改装に伴い中央部に4階部分が増築され、2003年外装にタイルが貼られた。タイルを剥がして4階を取り除けば、往時の姿となるわけだ。改装の設計者は、著名な米国人建築家のメレル・ヴォーリズという。それにしてもこの威容は、往時の中島飛行機の勢いを偲ぶに余りある。かつてここには、日本最高峰の頭脳たる技術者や研究者が集結して、最新鋭の軍用機をつくるべく日夜開発を重ねていたのだ。中島飛行機は戦争末期、第一軍需工廠として国有化されもしたのだが、敗戦によって瓦解した。しかし多くの技術者は自動車産業をはじめとする各方面で活躍することとなる。

行き方は、武蔵境駅南口を出発してかえで通りを南下、郵便局前交差点を右折して連雀通りへ。井口新田を左折して天文台通りを南に下って少し走ると、右手にＩＣＵの入口が見えてくる(※)。三鷹研究所は戦後、富士重工三鷹研究所に改組され、今日へと至っている。

※大学構内への無断立入は禁じられています。必ず入口で許可を得てください。

Route ❶武蔵境駅→❷堀合遊歩道→❸グリーンパーク遊歩道→❹ NTT 武蔵野開発研究センター→❺延命寺→❻源正寺→❼三鷹駅

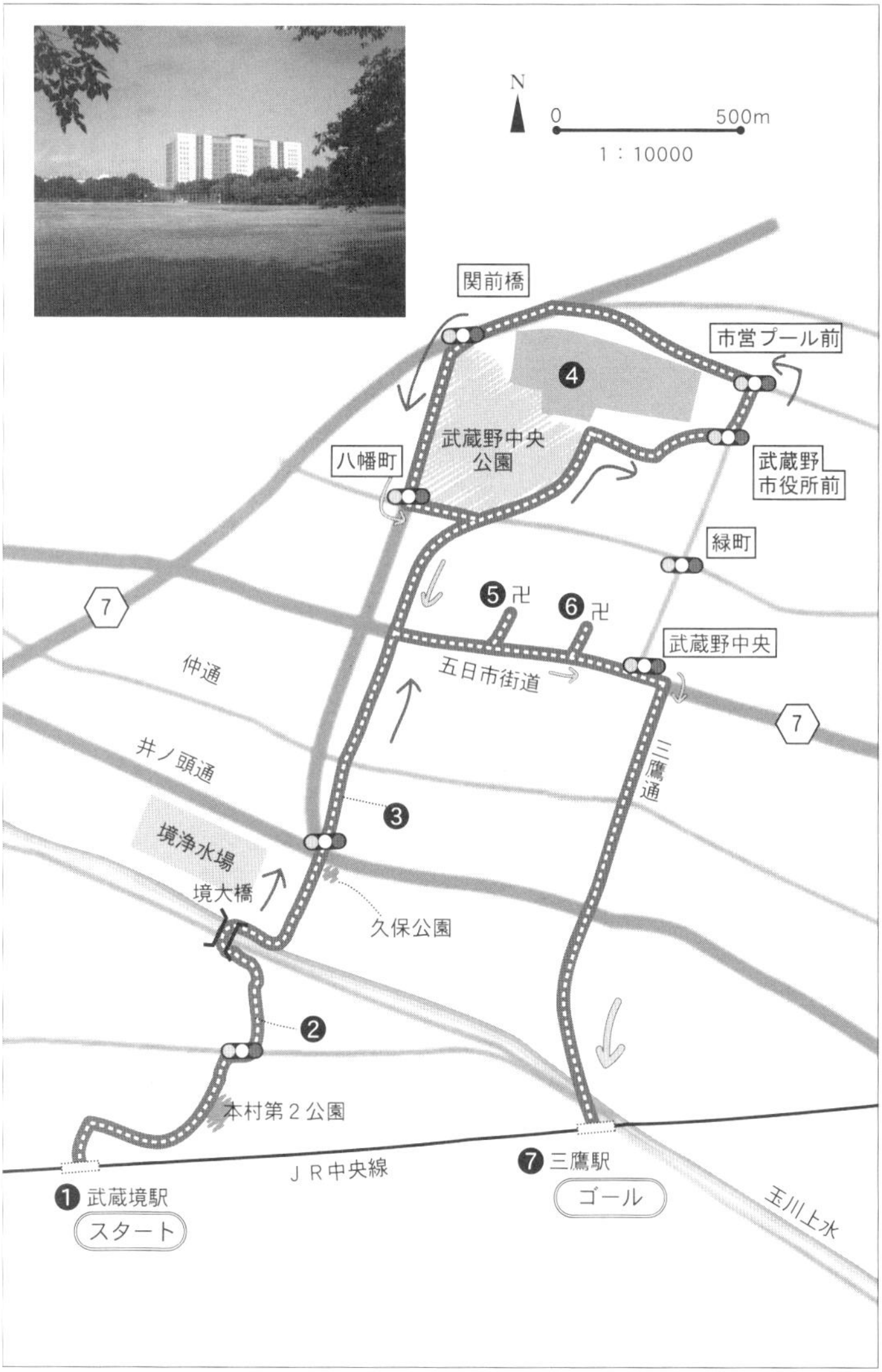

おびただしい銃弾の痕に戦慄

立川飛行機廃線跡から立飛《たちひ》、そして日立航空機変電所へ

● 距離：約10.5km
● 所要時間：約2時間
● 難易度：★

■ みどころ ■
戦前から戦時中、旧陸軍飛行場を核に軍都として栄えた立川。引込線跡や工場建屋から当時の様子がうかがえる。

大型百貨店が建ち、モノレールが行き交う立川は、今や多摩の中核都市として存在感を増している。駅北側では米軍基地跡地（コース⑪「ユーミンが唄った立川」70頁参照）に商業・各官公庁施設が続々と誘致され、まさに近代都市という印象だ。

ところで、米軍が進駐する前の立川は旧陸軍飛行場を中心に栄えた「軍都」であったこともまた、事実である。飛行場を中心に立川飛行機、昭和飛行機、日立航空機の各工場が操業し、さまざまな種類の民間機、軍用機を生産した。当然空襲被害も受けている。

昭和の記憶は再開発と共にどんどん忘れ去られてゆくが、今も残る当時の遺構や建物を手がかりに、歴史を発掘してみたい。

次々に名前を変える引込線跡

立川駅北口を出発して、曙橋交差点を右へ。東橋交差点通過して路地に突き当たるまでをまっすぐ進む。多摩車検場方向にのびる一方通行路に入り、太い道路に出たら南へ進み、中央線と交わる

西町緑地付近

手前を左に曲がる。その先の北第一公園（国立市）が、かつて立川駅から立川飛行機へとのびていた貨物引込線跡の入口だ。

この廃線跡は国立市に始まり、国分寺市、立川市を通過するが、市域が変わるたびに名前も変わる。北緑地（国立市）、西町緑地（国分寺市）、栄緑道（立川市）という具合だ。そして線路の遺構の雰囲気をどの程度残しているかでも、違いが見られる。

北緑地ではレールを再利用してアーチや緑のトンネルをつくるなどして当時の記憶を引き継ごうとしているし（そのすぐ近くには当時の枕木も置いてあった）、西町緑地でも線路脇の柵をそのまま残している。

一方栄緑道には、そうした往時の遺物を残したり再使用したりしている様子は見られない。ひょっとして、基地や戦争の記憶に対する態度の違いが表れているのだろうか。

廃線跡は約３㎞ほど続く。地元の人々の生活道路やジョギングコースとして使われ、人が行き交う。陸上自衛隊立川駐屯地を左にまわりこんでのびた終点にあるのが、かつての立川飛行機を引き継ぐ立飛企業本社だ。芋窪街道を挟んだ向こう側は高い塀で遮られているが、廃線跡のちょうど延長線上に沿って立ち木が整列する。あのあたりまでのびていたのだろう。

この廃線、実は戦後も米軍の航空燃料を輸送するために１９６８(昭和43)年頃まで使われた。滑走路延長が砂川闘争によって頓挫した米軍は横田基地の拡張によってこれをしのぎ、68年に立川から横田への移駐を開始したから、68年まで使われていたという事実はこのことと符合している。

新立川航空機敷地内の給水塔（多摩モノレール高松駅から撮影）

巨大格納庫と生々しい弾痕

では、ここから立川飛行機跡地（現・立飛企業および新立川航空機）をぐるっと走ってみよう。芋窪街道を北に進み、多摩都市モノレールと出会う交差点を左へ。モノレールの下の道を進めば、左右に広がる広大な敷地はすべてかつての立川飛行機だ。

立川飛行機も、敗戦と同時に米軍に接収されて工場建屋《たてや》や格納庫を使用された。米軍の横田への移転に伴い建物が返還されたが、「取り壊すよりは再利用を」ということで、いくつかの建物は今も残って倉庫などとして貸し出されている。立飛企業のメイン事業は、広大な敷地と立川飛行機時代の建物も活用した不動産業なのである。

モノレール高松駅の、立川に向かって左に

旧日立航空機変電所。無数の弾痕に言葉を失う

広がる建屋群は、往時の立川飛行機の雰囲気を今に伝える。給水塔や、大型の航空機も収容できそうな格納庫などが観察できる。別の場所から見えるノコギリ屋根の工場も、きっと当時のものだろう。

ぐるっと走るとわかるが、この規模の大きさよ。軍需と深く結びついていた戦前の日本の航空産業は、今でいう自動車のようなハイテク産業として隆盛を極めていたのである。今では飛行機といえばボーイングやエアバスなど欧米企業のそれを連想するが、もし戦争がなかったら立川飛行機だって世界的なブランドになっていた、かも知れない。

芋窪街道に戻り、モノレールに沿って北上すると、玉川上水駅だ。西武線をくぐって北口に出ると、都営団地を過ぎた先にあるのが都立東大和南公園である。この一帯はかつての日立航空機立川工場で、航空機用エンジン生産の拠点だった。集中的な爆撃の標的となり、計3回の空襲で工場の半分が壊滅し、110人が死亡したという。その当時の変電所跡がそのまま残っている。これはいつ見ても言葉を失う。主に南面の外壁にはびっしりと銃撃や爆弾片の跡が残り、まるで昨日空襲に遭ったかのような生々しさだ。一度これを見てしまうと、海の向こうで続く戦争がどうしても他人事に思えない。なぜって、こんなに生々しい戦争の記憶が私たちのそばにあるのだ。明日は我が身というときが絶対に来ない、と誰がいいきれるだろう?

取り壊されそうにもなったこの建物は、東大和市民や元工場従業員の働きかけによって残ったという。戦争遺跡は、平和な風景の向こうに戦争の気配を感じさせてくれる。

Route ❶立川駅→❷北第一公園→❸立飛企業本社→❹新立川航空機敷地内の給水塔→❺立川航空機変電所跡→❻玉川上水駅

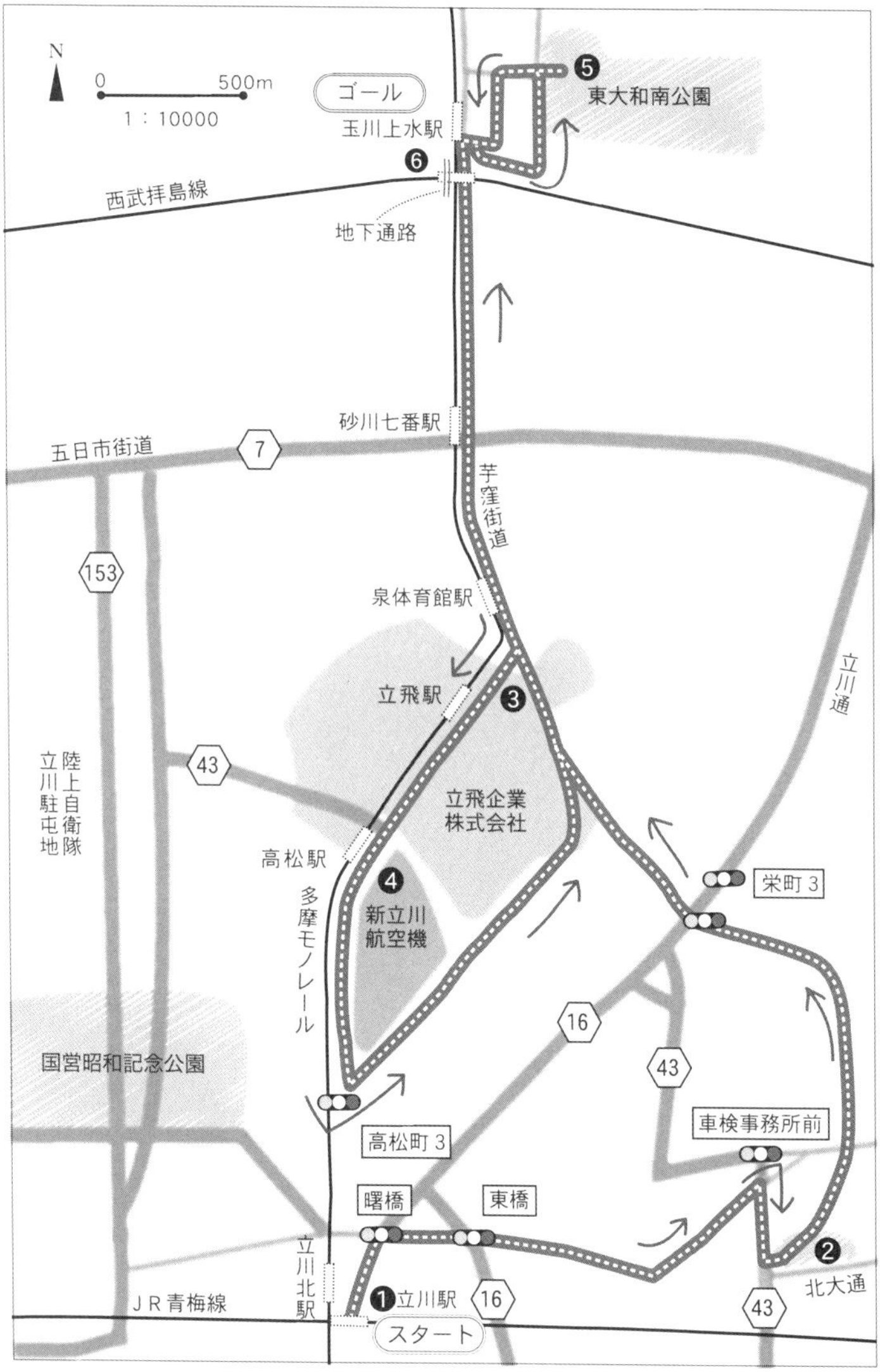

巨大な基地と「戦車道路」

多摩丘陵南端の低い尾根を走る

● 距離：約15.5km
● 所要時間：約2.5時間
● 難易度：★★

■ みどころ ■

旧陸軍戦車工場は米陸軍の補給基地に、戦車の試験走行コースだった「戦車道路」は、サイクリングコースになっている。

それにしても「戦車道路」とは物騒な名前だ。戦車道路は太平洋戦争末期、旧陸軍の兵器工場である「相模陸軍造兵廠」で製造された戦車のテストと操縦員の訓練のためにつくられた、全長約８㎞の道路のことである。現在の町田市内から八王子市内にかけて、多摩丘陵南端の尾根の上を伝うように続いていた。いろいろ資料を調べていくと、当時は週に一度は戦車を走らせていたそうだ。

相模陸軍造兵廠は敗戦時に米軍に接収されて、「米陸軍相模総合補給廠」という名の補給基地として今も使用されている。地図で見ると相当な敷地面積なのだが、旧軍時代には今よりさらに広く、ＪＲ横浜線橋本駅から淵野辺駅一帯にまたがる広大な敷地が、兵器工場や付帯施設として使用されていたというから驚きだ。補給廠付近から出発して戦車道路を走ってみれば、その規模の大きさを多少は理解できるかもしれない。

矢部駅を出発

今回は横浜線の矢部駅北口から出発する。駅のすぐ前にまで基地のフェンスが迫っている。駅前を左に進んで、ちょっと基地の様子を観察してみよう。駅正面の県営団地も、もともと基地だった場所が返還されたものだ。道路には引込線跡のレールが残り、基地の巨大な倉庫の中には何やら物資が積み上げられているのがうかがえる。道路の幅とか芝生とか建物のつくりとか、フェンスの向こうは異国そのものの雰囲気だ。

また、別の場所からはノコギリ屋根の旧い工場建屋が姿を覗かせるが、ここが戦時中の戦車の製造ラインだったと、どこかで読んだ記憶がある。最初に見た引込線を使って搬出していたのかもしれない。

ところで、戦車搬出といえば、ベトナム戦争当時、修理を終えた米軍戦車の搬出を阻止するために、市民が基地の門の前で座り込んで抵抗したこともあった。当時の報道映像は動画配信サイトで見ることができる。

造兵廠跡地は米軍が使うだけでなく、大学や企業

旧陸軍時代からの（？）工場建屋

なども誘致された。補給廠そばの麻布大学はかつて旧陸軍工科・兵器学校で、正門は当時と同じ場所だ。大学敷地の南端には記念碑がある。

中島飛行機武蔵製作所跡と同じく、ここでも広大な敷地を整然と区画整理している様子が見える。記念碑の先を左折してからまっすぐ北上して、町田街道と交差する常盤交差点を右折する。1kmほど走って右に桜美林大学がきたところで左折し、少し坂を登った先が戦車道路の起点だ。

眼下に広がる補給廠

戦車道路こと尾根緑道は、自転車や歩行者が行き交うための遊歩道として整備されている。かつて戦車が通っていただけあって道幅が広く、他の自転車道のように混雑していない上に交差点も少ないので、とても走りやすい。強いていえば、緑道入口からすぐの上り坂が結構きついことぐらい

麻布大学一帯は陸軍工科・兵器学校だった

だろうか。けれども、最初に標高を稼いだ後は尾根とはいえ急な坂道などは少なく、景色を楽しみながら走ることができるだろう。ところどころに案内標識や、戦車道路の由来を示した看板などもある。

その看板によれば、戦車道路は戦後も防衛庁や建機メーカーがテスト走行のために利用していたという。また、八王子市側では多摩ニュータウンの造成工事にも使用されていたそうだ。

緑道からの眺めは、尾根だけあってなかなか良い。北には町田市街や多摩ニュータウン、南には相模原市街がそれぞれ望める。とりわけ相模原の眺めは特徴的で、町のど真ん中に補給廠の巨大な建物群がでんと居座っているのが不気味に見える。戦車道路は、案内標識では都立小山内裏公園の西端部分で終わっているのだが、実際に走るとサレジオ高専裏を伝って多摩美術大学脇までのび、国道16号に達する地点まで続いている。これは後からニュータウン工事のために付け足された部分なのだろうか。

この付近の見物は、造成工事は終了したものの、まだマンションなどの工事が進んでいない多摩ニュータウン最奥部の茫漠たるススキ野であろう。キツネとタヌキでも出てきそうな雰囲気だが、ここがかつて里山だったことを思うと、一抹の寂しさを禁じえない。物騒な米軍基地が市街地のど真ん中に居座っているのは大いに問題だが、この風景を見ていると巨大開発事業もまた大きな問題だよ、と思ってしまう。そもそも日本の人口は減りつつあるのに、これ以上の住宅建設は必要なんだろうか…。

戦争という最大の自然破壊のためにつくられた戦車道路を自転車で走りながら、人が住むためには森を伐り、山をもならすという人間の「業」の深さを見せつけられ、しばし呆然としてしまう。そう考えると、自然を残しつつ戦争遺跡を上手に利用している尾根緑道は、人と自然が共存するヒントにもなっているように思う。自然の地形を活かしたうえで、そこに利用させてもらうというような、つつしみや節度みたいなものが、これからは大いに求められるのではないだろうか。

鑓水交差点で16号を左折し、次の交差点で右折。新しく造成された道路を2km程東に走ると、京王相模原線多摩境駅へ。ここが今回のゴールだ。

Route

❶矢部駅→❷廃線のレール→❸麻布大正門→❹旧陸軍兵学校の碑→❺尾根緑道の起点→❻多摩境駅

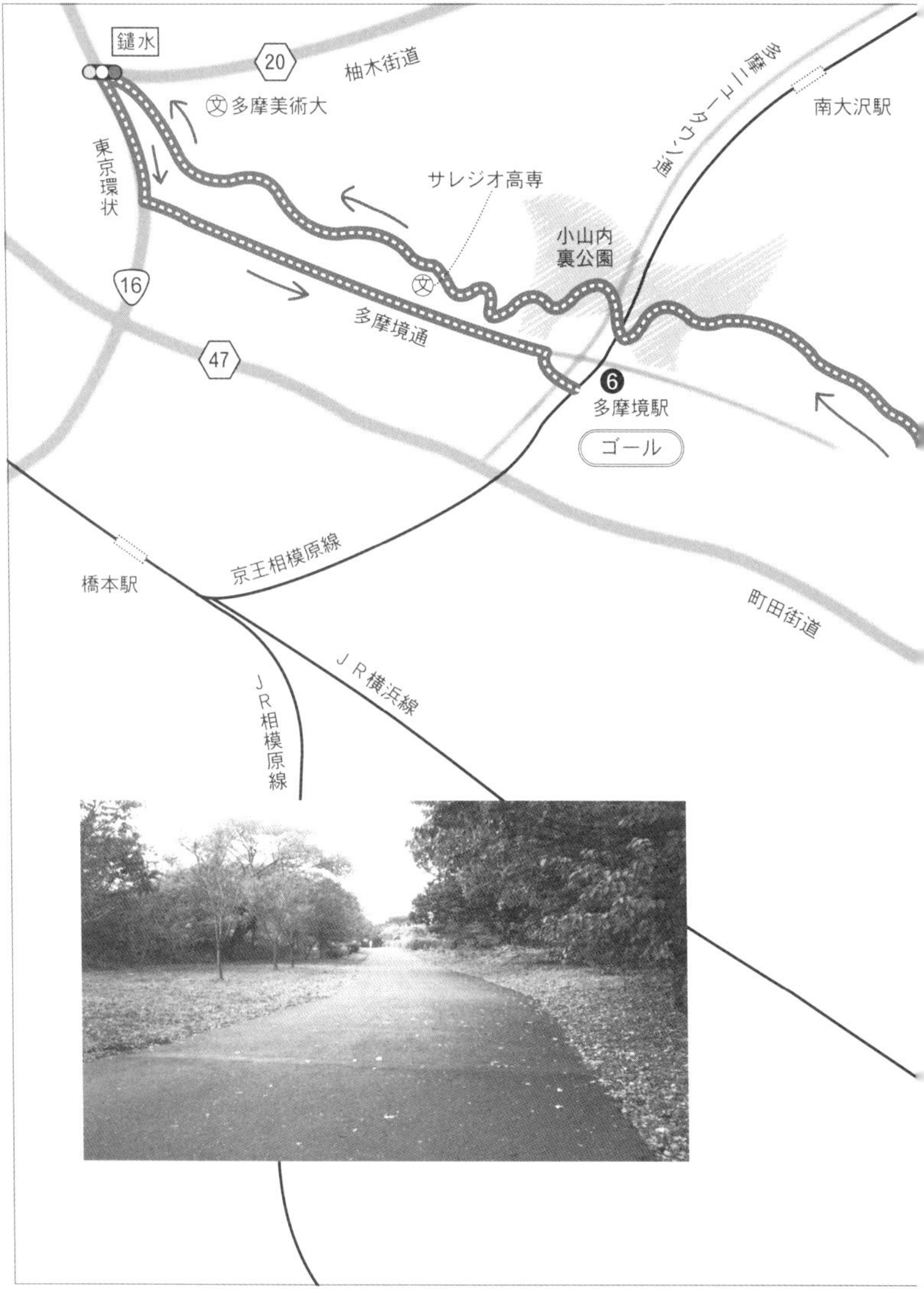

住宅地に謎のアンテナ

アメリカ軍施設が今も機能する府中基地周辺

● 距離：約10.5km
● 所要時間：約2時間
● 難易度：★

■ みどころ ■
航空自衛隊府中基地は旧陸軍燃料廠の名残。米軍が遺した巨大アンテナが何とも不思議。調布飛行場には掩体壕も。

多摩地域には、旧軍施設を引き継いだ米軍および自衛隊施設が点在する。一番有名なのは米空軍横田基地（福生市ほか）だが、航空自衛隊府中基地もその一つだ。

府中基地はもともと米軍が接収し、そののち自衛隊が引き継ぐ形で今日に至っている。米軍基地時代より土地の返還が進み、跡地の大部分は公園や美術館など市民施設として利用されているが、今もフェンスで囲われたままの土地が残っているのだ。今回はその周辺を走ってみよう。

多磨駅から出発

西武多摩川線は単線で4両編成の電車が走る、ローカル線の味わいが残るいい路線だ。ＩＣカードの簡易読取機はあるものの、武蔵境駅以外は自動改札ではなく、駅員が改札を行うというのが奥ゆかしくて良い。今回は多磨駅前がスタート＆ゴールだ。

人見街道に出て、西へと走る。多磨霊園正門に近いとあって、街道には石材店が軒を並べる。多磨霊園は既に区画が満杯で、改葬にともなう募集だけというが、石材店はちゃんと商売が成立しているのだろうか？　どの店舗も昭和風の旧い店構えで、この界隈だけは他所とは違う空気が流れる。

府中基地に向けてしばらく走ると、右手の住宅街の向こうに緑の小山が見える。気になるので、後で寄ることにしよう。

人見街道の突き当たりが府中基地だ。左に曲がり、基地をぐるっと一周するように走る。フェンスの向こうに戦闘機が2機鎮座しているが、むろん府中基地に滑走路はない。退役したものからエンジンなどの主要部品を外して展示しているのである。

正門近くの掲揚塔には日本とアメリカの国旗がはためく。たしか以前は国連旗も出ていたのではなかったか。実は府中基地には、横田基地から派遣された空軍要員が詰めて業務を行っている。基地沿いに走って北に向かうと、正面に

府中基地

くすんだ紅白の鉄塔が現れるが、これは米軍が使用する現役の通信鉄塔だ。突き当たって右折すると、府中市生涯学習センター前に出る。

移動パン屋とヘリコプター

ここでパンの移動販売車に出くわす。ちょうどお昼時、公園で遊ぶ親子連れやセンターの職員とおぼしき人々が列を作り、パン選びに余念がない。たくさんの種類のパンが陳列されていて、私も小腹が空いたのでカレーパンを買う。移動販売車を走らせているのは、小平市内のベーカリー「パン工房エミュウ」。販売員にきくと、生涯学習センター前には毎週火曜・金曜の正午前後に販売に来るという。多摩地域を午前中16ヶ所、午後20ヶ所程まわるというのだからなかなか大変だ。

その場で持参した麦茶を飲みながらカレーパンを食べていたそのときだ。急に爆音がしたかと思うと、頭上を大型ヘリコプターが超低空で飛ぶではないか。府中基地に着陸したようだ。他の基地との連絡で飛んでいるのだろうが、不意を突かれて驚く。しかし移動パン屋さんの行列に並ぶママさんたちに動じた様子は見られない。いつものことで、きっと慣れっこになっているのだろう。間もなくヘリコプターは離陸して、もと来た方向に飛び去って行った。

さて、道をそのまま走ると再び丁字路に出るので、左に曲がって住宅地へと入る。すこし入り組んだ道を抜けて左に都営団地を見ると、その奥が米軍府中基地跡地だ。集合住宅だった建物がツタなどにびっしり覆われて緑の壁となっており、何とも異様な一角となっている。緑の壁の間から、

不気味にそびえる２つのおわん形アンテナ

巨大な2つのおわん型アンテナが姿を見せた。

現役？　それとも廃墟？

普通パラボラアンテナは空を向いているものだが、これは地面に垂直に立っていて、奇異な印象だ。ネットでいろいろ調べると、ここは「府中トロポサイト」という施設跡地で、空軍の通信業務のために使われたようである。仙台にも「仙台トロポサイト」があり、そこと通信していたという。「廃墟・戦跡マニア」と呼ばれる人々の格好の観察対象であり、危険を冒してフェンス内に入り込んで撮影・調査する人もいるみたいだが、国有地であり、無断で入れば当然不法侵入罪に問われる。本書の読者にそんなマネをする人はいないと思うが、しかしアンテナを観察するには住宅地に入らねばならず、うろうろしていると不審者扱いされかねないのでご注意を。

都営住宅前を過ぎてバス通りを左折し、少し進んで小金井街道を左折。ネッツトヨタ前の路地を入った突き当たり付近が最もよくアンテナを観察できるポイントだが、手早く観察したら早々に辞去するのが無難だ。それにしてもこの府中基地跡、樹木や雑草が黒々と生い茂り、人を寄せつけない不気味な雰囲気が漂う。しかし一説にはここにタヌキなども出没するらしく、人の管理を離れた途端に自然が勢いを取り戻すというのも何だか面白い。

帰りは府中基地の脇を通って、行きに見た緑の山をめざす。人見街道まで戻って、新小金井街道を少し北に行くと右に見えるのがその場所、「浅間山《せんげん》公園」だ。標高80m弱の2つのピークからなる浅間山はもとは多摩丘陵の北端だったが、古多摩川の浸食などによって独立した高台になったのだそうだ。ここは住宅地に囲まれたまさに「緑の島」。コナラやクヌギなどが生い茂る間を涼しい風が抜け、ささくれた廃墟を見た後でののどかな里山風景に一服つく思いだ。多磨霊園に沿って東に走ると多磨駅まではすぐである。

◆オプション◆

調布飛行場の掩体壕《えんたいごう》を見に行こう!

多磨駅前を南に走り、甲州街道をくぐって踏切を渡った先の街道脇には「掩体壕」がある。これは調布飛行場に駐屯していた旧陸軍が、帝都防空のための戦闘機を米軍の爆撃から守るためにつくった鉄筋コンクリート製の頑丈なシェルターで、60基程つくられた中で現存する4基の内の一つだ。府中市では戦争の歴史を今に伝える「戦争遺跡」として、保存に向けて整備を進めている。

Route

❶多摩駅→❷航空自衛隊府中基地→❸府中市生涯学習センター前→❹米軍府中基地跡地→❺浅間山公園

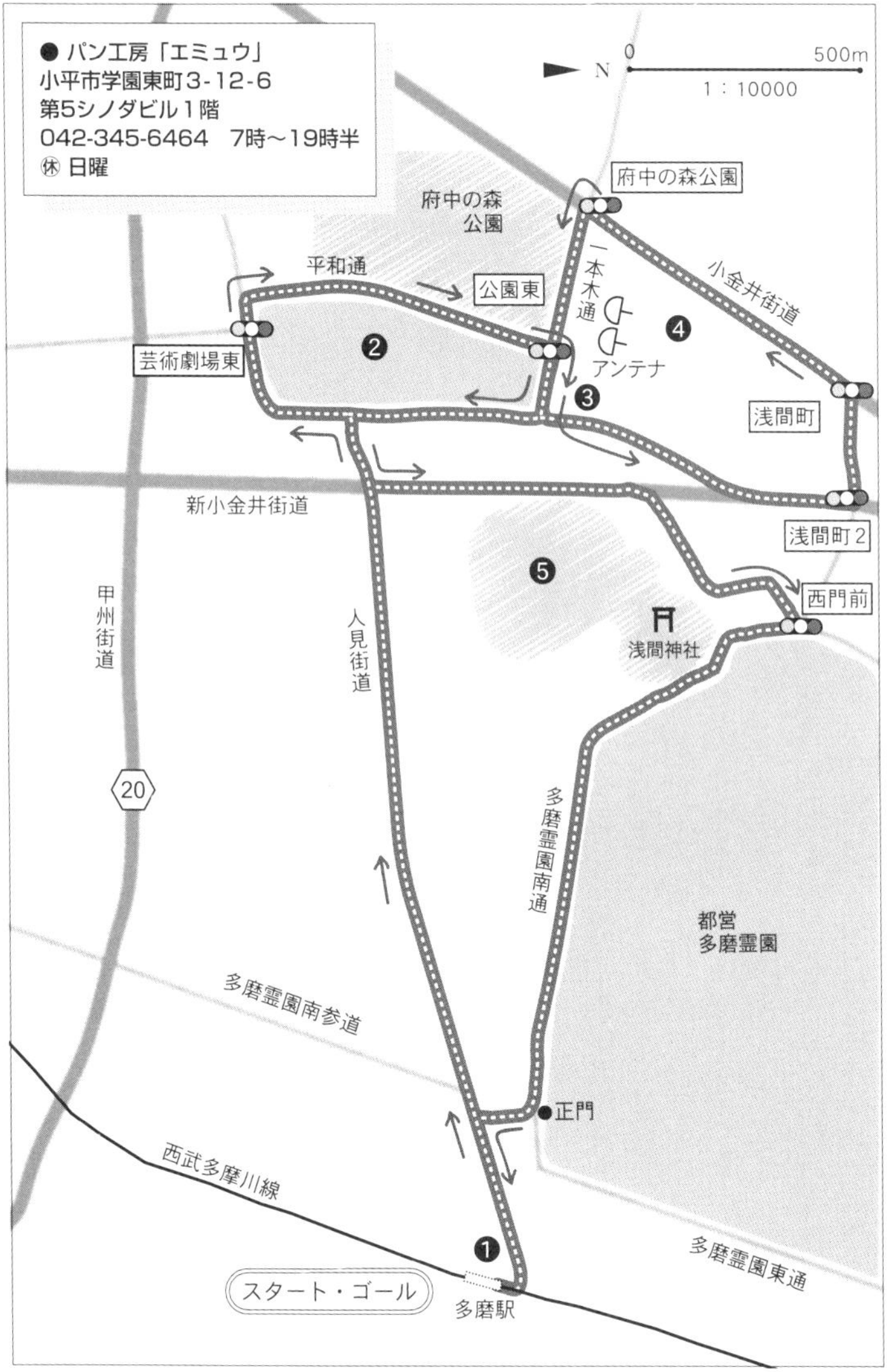

米軍基地が守る？ 多摩の森

稲城・南山〜多摩ニュータウン〜多摩弾薬庫跡地を走る

● 距離：約14km
● 所要時間：約3時間
● 難易度：★★★

■ みどころ ■
米軍多摩サービス補助施設とは、かつて米軍多摩弾薬庫だった場所。フェンスに守られたこの奇妙な森を観察。

都内の米軍施設と聞いてまっ先に思い浮かぶのは横田基地だが、実は他にも数ヶ所存在する。多摩だけでも清瀬市内の大和田通信所などが知られているが、今回のコースで通過する稲城市の米軍多摩サービス補助施設もその一つだ。ここは多摩丘陵の北端に位置し、旧軍時代は「陸軍火工廠多摩火薬製造所」として操業していた。山裾に広がるいくつもの谷戸に工場建屋を分散し、一ヶ所で爆発事故が起きても、被害が広がらないようにしたのである。ちなみに町田市に隣接する横浜市青葉区の「こどもの国」も、かつてはここと同様、旧陸軍の弾薬施設として使用されていた。

今回は、ここが軍事施設であるために多摩ニュータウンをはじめとする住宅開発から逃れて、今や多摩丘陵でも希少な森となっている点に注目して走ってみたい。

まずは今話題の「南山」から

スタートは京王相模原線の京王よみうりランド駅だ。ここからすぐ目と鼻の先にある里山「南山」は、ジブリ映画「平成狸合戦ぽんぽこ」の高畑勲監督も絶賛する豊かな生態系があるのだが、実は今ここで宅地開発計画が進行している。広さ87haの森のうち、自然のままに残るのはわずかに8haのみで、後は山を削り谷を埋めて分譲住宅地にするという計画だ。マスコミにも注目されており、現在、近隣住民が南山の自然を少しでも多く残すべく運動を続けている。

駅を出てよみうりランド方向に続く都道に少し入るとすぐ右が妙覚寺だ。その横の路地を入って急な坂を登ると、墓地の先に「ありがた山石仏群」がある。ここは関東大震災で被災した墓石や石碑、石仏などをまとめて安置した場所で、おごそかな雰囲気が漂うが、ここも南山開発計画用地に含まれる。ここからは調布・府中一帯がよく見渡せる。

ありがた山石仏群

ここを下りて南山の北のへりを沿うように走るが、近辺は住宅地と果樹園が入り組んでいる。梨は稲城の特産として有名だ。南山の方を向くと切り立った崖が見えるが、ここは高度成長期に建設用の山砂を取った名残だ。その崖の頂上では、造成工事の重機が山をならしている。ここを通るたびに森が減っていくのがさびしい。

稲城駅下に出たら、頑張って再び坂を登ろう。坂の上にあるのは、「ケーキファクトリー ホイップ」だ。ここは買ったスイーツをすぐにテラスでいただける。コーヒーの無料サービスもうれしい。

多摩ニュータウンを一望

坂を下りたら鶴川街道を左折して、街道と並行する三沢川の自転車道に入る。ここから先は多摩ニュータウン東端の若葉台・稲城エリアだ。数年前まではだだっ広い造成地だったが、最近高層マンションが建ちはじめた。京王線のガード先で都道を右折すると、稲城台病院裏手まで1㎞ほど続く長い上り坂だ。しんどいが、坂が終わる天王橋、連光寺配水場付近からの眺めは抜群で、多摩ニュータウン一帯や聖蹟桜ヶ丘はもちろん、遠く高尾や陣馬などの多摩の山々、果ては新宿高層ビル群や横浜市街までも見通せる。

この先右手には米軍タマヒルズゴルフ場がある。ほとんど一般のゴルフコースと同じように見えるが、許可なしには入れない。その先左手には旧多摩聖蹟記念館がある。「聖蹟桜ヶ丘」の聖蹟だが、この言葉には「天皇が訪問した場所」という意味がある。明治天皇がこの一帯で兎狩りなどを楽しんだことに因んでいるが、ここを訪れるまでは意味も由来も知らなかった。なるほど。

都道はこの先で川崎街道に出会うので、右折して稲城方面へ。しんどい登りを頑張った分、この先は長い下りでらくちんだ。道路を雪囲いみたいな構造物が覆っているが、これは道の左右を挟む

多摩サービス補助施設正門

ゴルフコースからのボールの飛来を防ぐネットである。このネットを過ぎて右側にずうっと広がるのが、米軍多摩サービス補助施設の森だ。敷地面積は実に１９５ha、半分をゴルフコースと仮定しても１００haもの森があることになる。グーグルの地図機能で航空写真を見ると一目瞭然だが、南多摩一帯でまとまった里山や森が残っているのは、もはやここと南山、そして町田市の小野路くらいだ。他は緑に見えても実はゴルフコースだったり後から造成した公園林だったりするのがほとんどで、生態系が豊かとはいえない。後は残らず宅地に変貌した。

東京の住宅難を解消するための多摩ニュータウン開発だったが、結果的にこの地域の里山をほとんど失うことにもなった。歴史環境保全区域に指定されている小野路は安泰だが、南山は今のままではなくなるのは時間の問題だ。そう考えると、この米軍基地の森は今や貴重である。「基地のままの方が開発されずに良い」と思う人がいても不思議はない。しかし、古くからの地元の人にしてみれば軍事施設は戦争の記憶そのものでもある。「米軍基地があるかぎり、稲城は戦争から解放されない」という人もいる。それに、里山は放っておけば昼なお暗い照葉樹林へと変化する。人の手が入ればこその里山なのだ。多摩サービス補助施設はキャンプや乗馬などの施設であり、軍事的な価値が高いとも思えない。返還が一番だが、いっそのこと軍民共用にして、森は地域住民が里山として保全活用したらいいとも思うがどうだろう。

いささか話がそれた。今回のゴールは坂を降り切った場所にあるJR南武線南多摩駅である。

❸ ケーキファクトリー「ホイップ」
稲城市百村1464-12
042-379-1154　9時半～19時半
㊡　月曜

❹ 旧多摩聖蹟記念館
多摩市連光寺5-5-1（都立桜ヶ丘公園内）
042-337-0900　10時～16時
㊡　月曜（祝日の場合は翌日）、年末年始

多摩市教育委員会協力

Route ❶京王よみうりランド駅→❷ありがた山石仏群→❸ケーキファクトリー「ホイップ」→❹旧多摩聖蹟記念館→❺南多摩駅

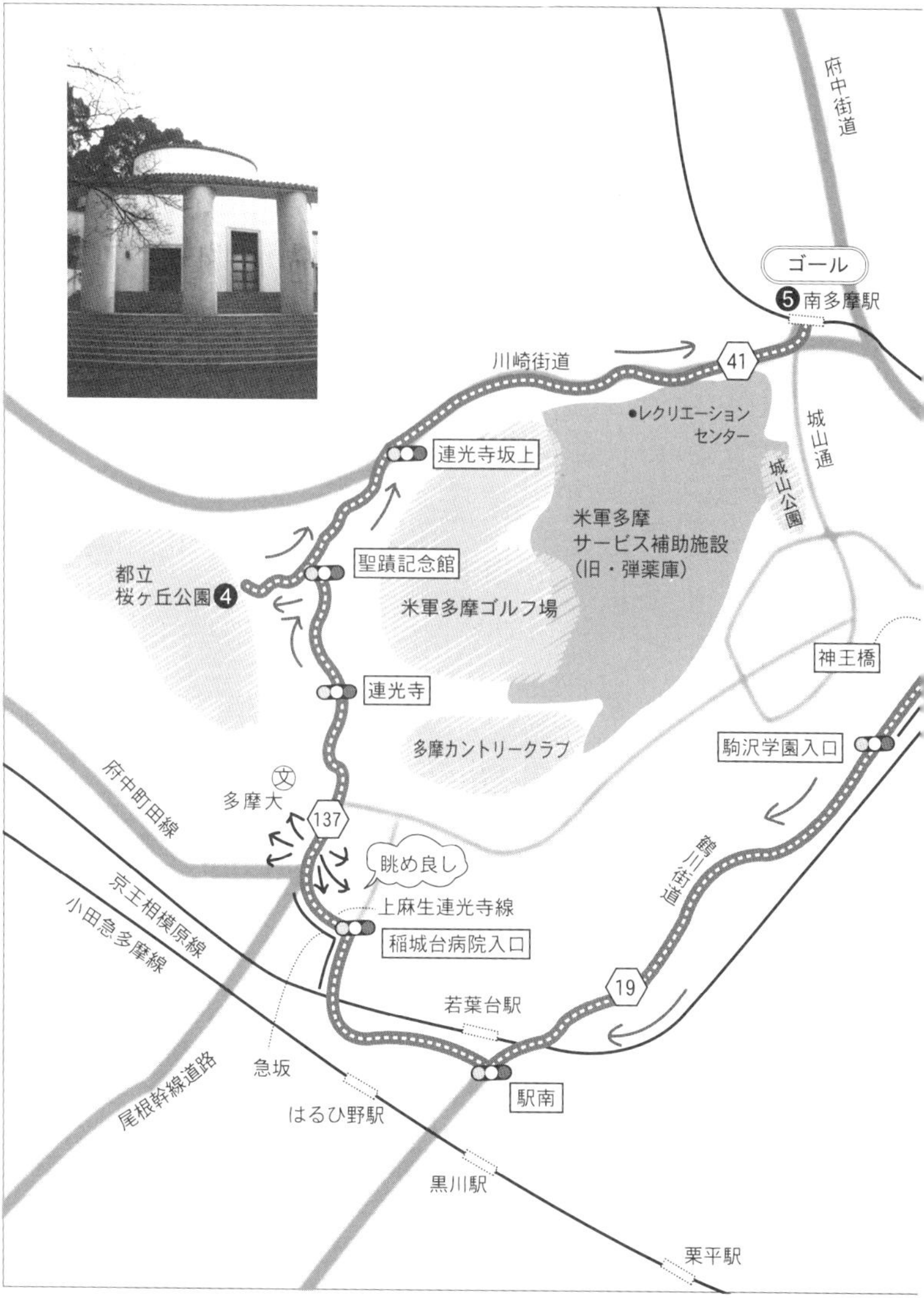

Columns 4

歩道を走っていませんか？
自転車は車道通行が原則

読者の皆さんは、自転車で道路を走るときにちゃんと車道を走っているだろうか。

そう、自転車もれっきとした車両。道路交通法に従って、車道の左側を走るよう定められている。歩道はあくまで歩行者のためにあるもので、「自転車通行可」の標識がある場所以外は、道路工事などのやむを得ない場合を除き、自転車は車道を走らなければいけない（道路交通法第63条の４）のである。

自転車が歩道を走っても良い場合はほかにも、歩行者の通行の妨げにならないように徐行する場合と、13歳までの児童および70歳以上の高齢者に限定される。この徐行とは一体時速何㎞かというと、ブレーキをかけて直ちに停車できる速度のことだから、時速約７㎞前後。つまりハンドルがふらついて前に進むのが困難なスピードなのだ。

すなわち街中で見かける、歩道をベルを鳴らしながら我が物顔でかっとばしていくような自転車の乗り方は、れっきとした道交法違反なのである。そして違反である以上、検挙されれば３ヶ月以下の懲役又は５万円以下の罰金、もしくは２万円以下の罰金又は科料という、きつ～いペナルティが課せられる。皆さん、ちゃんと知っていましたか？

あぶない！ 歩道通行

法律で車道通行を定めているのには、もちろん理由がある。歩行者の安全を守るためには歩行者と自転車はきちんと通行を分離する方が安全だからだ。

たとえば、自分が歩道を歩いていると仮定しよう。前方から自転車が走ってくれば、「あっ、危ないな」と歩道の端に寄るだろう。ゆっくりと走っているのであればまだしも、携帯電話片手にフラフラと近づいてきたら避けようがない。前から走ってくる場合はまだ危険を察知できるけれども、後ろから速いスピードで追い抜かれたら、ヒヤッとするはずだ。

歩行者の安全が守られるべき歩道で、歩行者が自転車によって日々脅かされる状態は異常といわなければならない。

そして、そうした状況は必ず事故を生む。警察庁がまとめた平成20年度の自転車関連の交通事故件数のうち、自転車対歩行者の事故件数は全国で2942件（内死者数4名）にも上っており、年々増加している。ベルを鳴らしながら歩道を走っている場合ではないのだ。

自転車レーンの設置も急務だ

もちろん、自転車側にも言い分はあるだろう。「クルマがビュンビュン走っている車道なんか、危なくて走れない！」

実はその通りである。自転車は車道を走れといわれても、スポーツサイクルならまだしも、特にママチャリでは怖く感じるのも無理はない。車道に自転車が安全に走れるだけの十分なスペースが確保されているとはとてもいえないからだ。しかも、ドライバーも「自転車は歩道を走るもの」と思っているから始末に負えない。これは、もとをただせば日本の交通政策が長年クルマを優先してきたからにほかならない。国土の狭い日本では車道の拡幅もままならず、かくして自転車は歩道に追いやられるという事態が長らく続いてきたのだ。

しかしここにきて、ようやく自転車の安全通行にも希望が見えてきた。各地で自転車が車道を安全に通行するためのスペースを設置する動きが広がっているからだ。まだ試験段階だが、多摩でも武蔵野市や三鷹市の一部の道路で、車道の左側に自転車レーンが設置されている。

自転車の安全が確保されれば歩行者との事故も減り、自転車による移動の機会も増える。クルマと違って渋滞やCO_2排出のない自転車は、温暖化防止の意味でも有望な移動手段だ。ここは自転車レーンのさらなる拡充を望みたい。

トンネルを抜けると森の中

多摩湖の廃線跡トンネルをゆく

● 距離：約12km
● 所要時間：約2時間
● 難易度：★★

■ みどころ ■
かつて羽村堰から多摩湖への導水管上を走っていた軽便鉄道。サイクリングロードとして整備された道を楽しむ。

羽村堰から取水した水が地下の導水管を通じて多摩湖に送られていることはすでに触れたが（コース⑤「源流をめざせ！ 玉川上水②」32頁参照）、この管の上は現在サイクリングロードになっていて、かつて軽便鉄道が走っていたためにトンネル区間もある。さっそく走ってみよう。

基地で「分断」された自転車道？

今回の出発はＪＲ八高線の箱根ヶ崎駅。少し前は木造の小さな駅舎だったが、今では現代的なデザインの立派な建物に変わっている。駅前の都道を右、つまり南の方向に進むと、最初に見えてくるのが新青梅街道とその奥の横田基地だ。

９・11テロ以降、横田基地は警備強化のため、国道16号に沿ってそれまで金網フェンスだった境界を、背の高いコンクリート壁で覆うようになった。しかし基地北端のこのあたりはフェンスのままで、遠く滑走路の向こうに飛行機が駐機しているのが見える。ただし、代わりに警察官が付近を頻繁に行き来しており、フェンスに近寄ろうものならたちまち職務質問に遭いそうだ。フェンスを横目で見ながら、自転車道起点をめざす。基地に沿ってまっすぐに走るとＩＨＩ瑞穂工場に出るので、これを迂回するようにして進む。その先に自転車道の入口があるはずなのだが…、あれれ。再度地図を見ながら確認すると、少し進みすぎてしまったようだ。ようやく見つけた起点に標識はなく、住宅街に埋もれるようにまっすぐのびていた。

かつては軽便鉄道が走っていた

自転車道の正式名は「野山北公園自転車道」といい、多摩湖（村山貯水池）への導水管の上を走っている。１９２１年からの導水管建設時、その後の狭山湖の堤防工事のときには、資材運搬のための軽便鉄道が走った場所だ。本当ならば、羽村からまっすぐ自転車道がのびていてもおかしくないのだが、ご覧の通り、工場と横田基地が間にでんと居座っている。ちなみに、基地の向こうの羽村側は神明緑道として整備されており、基地がなければ羽村堰から1本で自転車道が続いていたかも知れない…？

旧陸軍飛行場を接収してできた横田基地は、後から基地を拡張して水道管の上に滑走路をのばしたのである。事故などで導水管に影響が出ないかと心配になるが、ひとまず先へ進もう。

トンネルを抜けると深い森

自転車道は、畑と市街地を東西方向にまっすぐにつらぬいている。2㎞ほど走って青梅街道を渡り、少し進むと最初のトンネル、横田トンネルだ。小さなトンネルで、自転車が行き交うのがやっとの幅と高さである。トンネル出入口にはシャッターが設けられていて、夜間には閉まる仕組みだ。

トンネルは狭山丘陵の南側の尾根をつらぬく形で続いている。小さくてもやはりトンネルだけあって、中はひんやりと湿っている。赤堀トンネルを抜け、御岳トンネルの入口までは付近に住宅が立ち並ぶが、御岳トンネルを出ると景色はがらりと一変、深い森の中だ。両側から背の高い樹木が覆いかぶさってきて、ちょっと怖い。最後の赤坂トンネルを抜けると、舗装路も途切れて完全に森の中に放り出された気分だ。この先さらにまっすぐ進むともう1本、多摩湖へと続くトンネルがあるのだが、道は廃道と化しており、またトンネル自体も塞がれていて進めない。

ここで道は3方向に分かれるが、右側へ下る道を進む。雨上がり時などはぬかるんで滑りやすくなっている可能性があるので注意して走ろう。程なく開けて住宅地が現れ、何だかほっとした気分だ。今回は夕方の走行となったが、午前中や日の高いうちに行けば明るい森を楽しめるだろう。

丘の上で夕陽を見る

程なく旧青梅街道に出るので、左に曲がる。以前は近くに「吟雪」で知られる渡辺酒造があったのだが、２００７年に惜しまれつつ廃業。赤レンガの煙突はこのあたりのランドマークだった。

２kmほど進むと郷土博物館前交差点に出るので、左に入ると東大和市立郷土博物館だ。ここでは農具・民具のほか、多摩湖建設当時の写真などを見ることもできるが、特にすばらしいのは狭山丘陵の斜面に沿って建てられており、博物館裏の広場からの眺めがいいことだろう。ちょうど日没間近だったので、雑木林の向こうに輝く夕陽を楽しむことができた。正面からは東大和市内が一望できる。

ここから青梅街道をさらに２kmほど行くと、今回のゴール

郷土博物館裏手の雑木林から夕日を見る

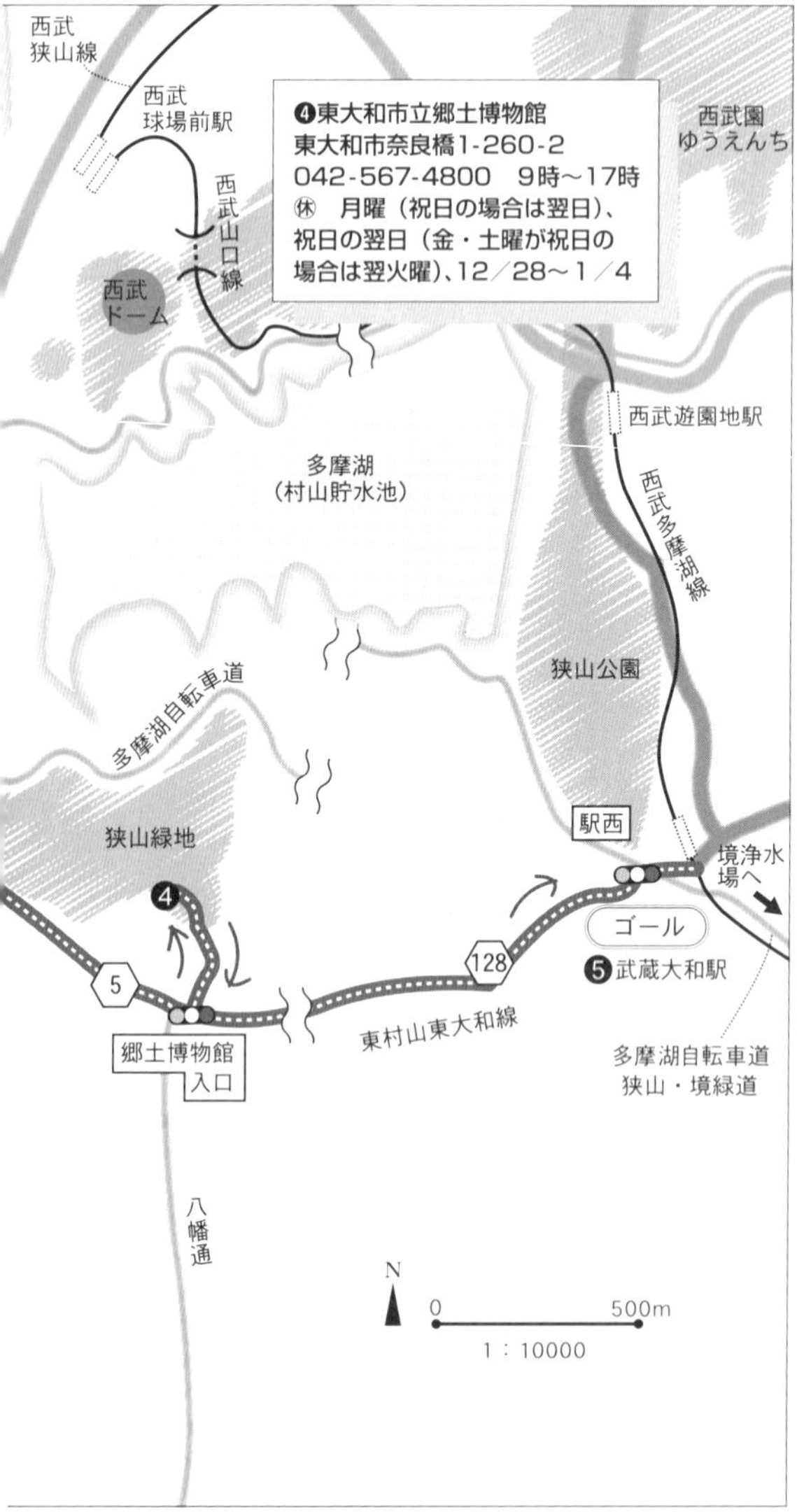

の西武多摩湖線武蔵大和駅だ。なお、この多摩湖線と並行する形で、武蔵野市内の境浄水場へと続く送水管の上に多摩湖自転車道「狭山・境緑道」（10・5km）が続くので、足をのばしてみてもいい。また、多摩湖自転車道には、さらに多摩湖を1周するコース（約11km）があるので、脚力に自信がある人は挑戦してみよう。1周コースなら堤防の上から多摩湖の雄大な景観を楽しむこともできる。

Route ❶箱根ケ崎駅→❷石川島播磨重工(IHI)→❸野山北公園自転車道入口→❹東大和市立郷土博物館→❺武蔵大和駅

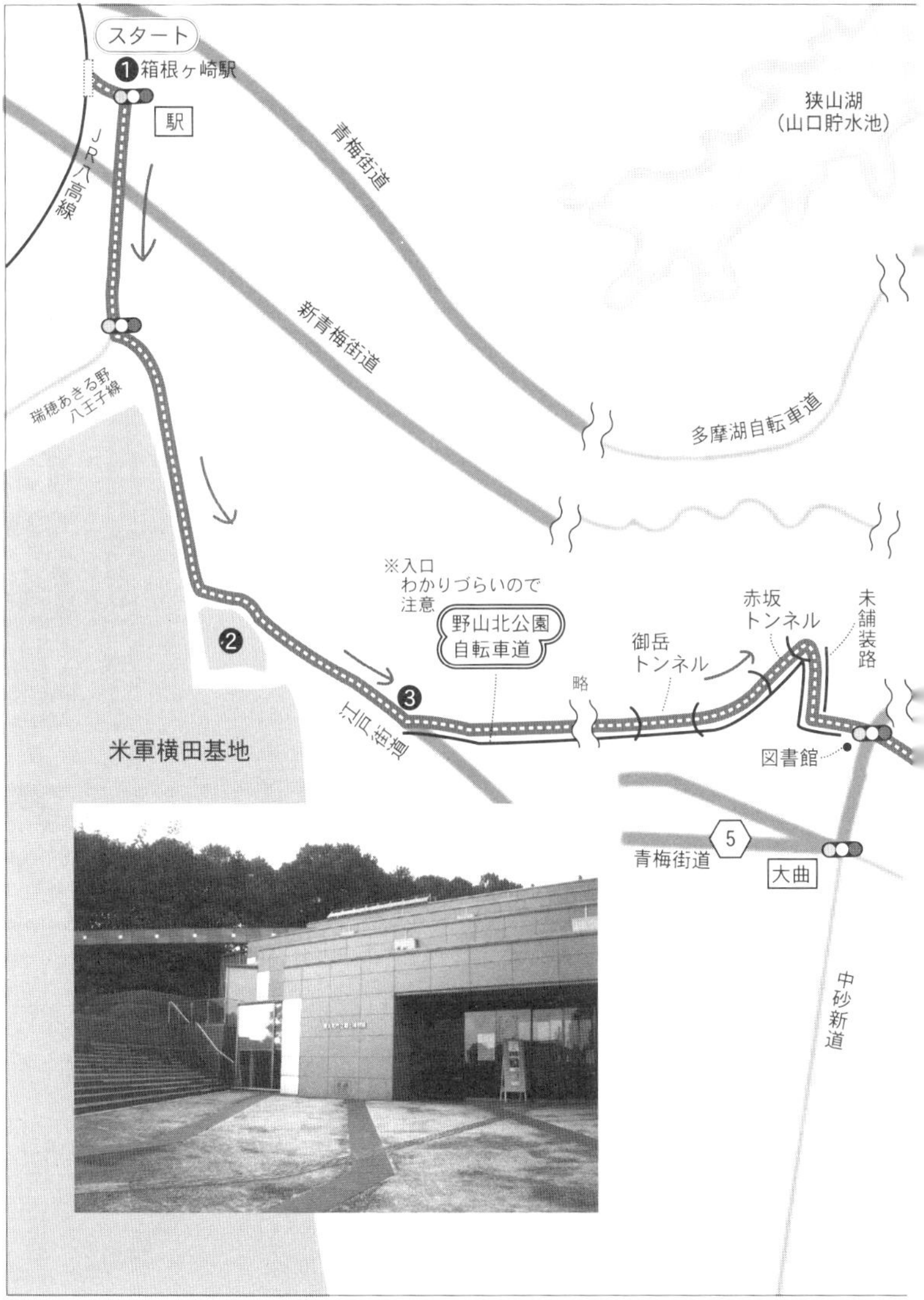

廃線探訪で「にわか鉄道ファン」

戦時中に廃止された「五日市鉄道」跡を走る

● 距離：約8.5km
● 所要時間：約1.5時間
● 難易度：★

■ みどころ ■

かつては私鉄だったＪＲ五日市線。現在の拝島―立川間には、実はもう一本「幻の五日市線」が走っていた!?

鉄道ブームである。列車で各地を旅したり、車両の写真を撮ったり、あるいは廃線跡をたどったりする人々が最近増えているそうだ。こと不景気の昨今は、家にいながらお金をかけずに旅気分を味わえるとかで、鉄道本の売れ行きも好調という。実は何を隠そう本書も、そうした鉄道ファンの需要を当て込んでいくつか廃線探索のコースを選んでいる。…というのは冗談だが、今回はほかの廃線自転車探検（コース⑭、⑮、⑲）よりも手軽かつお気楽に楽しめ、しかも鉄道趣味気分もしっかり堪能できるオトクな廃線コースの紹介だ。今のＪＲ五日市線の前身で、地元では「五鉄《ごてつ》」と呼ばれた私鉄「五日市鉄道」の、拝島―立川間である。信号や線路のモニュメントがあるほか、廃線跡と交差するＪＲ八高線のローカル線っぽい雰囲気も味わえる。

廃線跡を見抜け！

スタートは近頃リニューアルした拝島駅南口だ。かつての五日市鉄道は立川から拝島を経由し、武蔵五日市のさらにその先、武蔵岩井駅までのびていた。１９４４（昭和19）年に国有となり、青梅電気鉄道と路線が重複していた立川―拝島間は休止（実質的には廃止）されるという経緯をたどっている。その路線跡はすぐに見つけられる。江戸街道に面し、駐輪場として利用されている路地がそれだ。左にゆるやかにカーブすると、駐輪場区間はすぐに終わり、一般道となって多摩川方向に下っていく。

ところで廃線跡を走ると、いくつかの共通する特徴があることがわかる。

- 急勾配がないこと
- カーブがゆるやかなこと
- 低地は土が盛られ、台地は切り通しが続くこと
- 道幅が一定なこと
- 建物が線路跡に沿って整然と並んでいること

これらの特徴は、地図でコースを下調べするときや、実際に走って路線跡を探す際のヒントになる。特に道幅と建物の並び、そして土盛りと切り通しの様子は顕著な決め手で、慣れてくると一目で「これは廃線跡だな」とピンと来るようになるのだ。往年の巨人の名打者・川上哲治の言葉じゃないが、「ボールが止まって見える」ような感覚といえるだろう。たとえが古すぎたか…。

「撮《と》り鉄《てつ》」に挑戦！

五日市鉄道跡は国道16号および新奥多摩街道に合流する。この区間は東京方面車線脇の歩道と緑

地の幅が反対側と比べて際立って広いが、この部分が軌道敷部分だったのだろう。しばらく進むと左斜めに分岐する道が現れるが、その入口には線路の車止めと転轍機を用いたモニュメントがあるので廃線跡とわかる。この先はゆるやかな登りとなっていて、市道と交差する部分に線路と台車、信号機を用いたミニパークがある。五日市鉄道の大神駅があった場所だ。ただし線路などの鉄道資材はＪＲ青梅線で使用されていたもので、五日市鉄道当時のものではない。

鉄道が現役の頃はどんな雰囲気だったのだろうか。そのイメージを補強するために、すぐ近くに八高線の踏切があるので寄ってみよう。単線がまっすぐ続いている。往時の五日市鉄道も単線で、１両編成のガソリンカーが走っていたという。目の前の鉄路を見ていると、走ってきた廃線跡に五日市鉄道の情景がよみがえってくるようで面白い。廃線跡は八高線と立体交差になっており、その先で線路を見渡せる畑に出る。よ

大神駅があった所にはミニパークが

うし、ここはひとつ、走ってくる電車を写真に収めてみるとするか。

鉄道ファンの中で、特に車両撮影に力を入れる人のことを「撮り鉄」と呼ぶ。私もにわか撮り鉄となって列車が来るのを待ち構える。踏切の警報音がして、今か今かと列車を待つこと数十秒。「来た！」とカメラのシャッターを切るが、あたふたと慌てている間にたちまち短い4両編成の電車は行ってしまった。構図とかシャッタースピードとか、考える余裕なんてない。撮れた写真は案の定、ただ電車が写っているだけでまるで面白みがない。一瞬を捉えて一枚をものにするには、どうやらそれなりの技術と修練が必要なようだ。うーん。撮り鉄は一日にして成らず、か。聞くところによれば、撮り鉄の撮影にかけるエネルギーや執念はそれは凄まじいものらしい。彼らはお目当ての列車（臨時列車など）のダイヤを調べ上げ、絶好の撮影ポイントを探すために野山を駆けまわり、ほかの

八高線同様、五日市鉄道も単線だった

撮り鉄に先んじて現場に到着し、撮影場所を確保するのだとか。確かに、そうして苦労の末に撮れた会心の一枚は快感に違いない。私にはそこまで入れあげる根性はないけれど、実際に電車にカメラを構えてみて、ワクワクする気持ちとか一瞬のスリルとか楽しさの要素はわかる気がした。

廃線跡はこの先、住宅地の中で途切れたりしながら続くが、都立短大交差点へ。立川南通りを立川駅方向に進み、富士見町五丁目交差点を左に入った踏切付近で青梅線と合流して消滅する。

Route ❶拝島駅→❷駐輪場→❸線路・車止めモニュメント→❹大神駅ミニパーク→❺撮り鉄ポイント→❻廃線跡が合流する踏切→❼立川駅

武蔵境でワールドツアー
住宅地にゲストハウス、中近東の文化にケーキ屋も

● 距離：約9.5km
● 所要時間：約2時間
● 難易度：★

■ みどころ ■
亜細亜大学のある武蔵境から東小金井間にかけて、不思議な壁画のゲストハウスが。中近東文化センターでは悠久の歴史を堪能して、気分は世界旅行？

筆者は小金井に住んでいるが、アジアからの留学生が多いことで知られる亜細亜大学に程近いせいか、近所には「ゲストハウス」なる建物が多い。そこには玄関や外壁に強烈な色彩の壁画が描かれてあって、ひと目でわかる。

外国人の仮住まい

ゲストハウスという言葉の意味はさまざまで、海外旅行に行ったことのある人には、世界をバックパックひとつでさすらう若者が泊まる相部屋の安宿（ドミトリー）というイメージが思い浮かぶだろう。ところが日本では少し様子が違って、長期滞在する留学生のための下宿という意味で使われることが多い。まあ、相部屋の安宿という点では海外のゲストハウスと一緒ではあるが。

今回はJR中央線武蔵境駅を起点に、点在するゲストハウスを観察するコースを走ってみよう。北口ロータリーから路地に入ると、程なく最初のゲストハウスが見つかる。武蔵境～東小金井近辺に点在するこれらのゲストハウスは、その名も株式会社ゲストハウスが運営しており、そのどれも

キテレツな壁画

が赤や黄などの原色に彩られた、何とも不思議なタッチの壁画を掲げている。トラや孔雀が描いてあり「ヘタな屏風絵」という風情だ。じっと眺めていると目がチカチカして落ち着かないが、こういう絵が外国人には受けるのだろうか?

線路沿いの釣堀の先を曲がって住宅街を抜けると、亜細亜大学正門前に出る。バス通りを東小金井方面に向かってリサイクルショップを右に入ると、屋敷森と街路樹の緑のトンネルがある。ここを過ぎて少し入ったところにあるのが、日曜と木曜だけ営業しているケーキ屋の「トレプチ」だ。木造平屋建ての民家を改装したケーキ工房で、毎週2日間だけ店舗売りをしている。季節の地物の果物や野菜を多く使い、素材が持つ味をうまく引き出していて絶品だ。

このあたりは静かな住宅街が広がり、畑や屋敷林も点在する。細い路地や感じのいい邸宅、丁寧に管理された庭園などが現れて表情に富み、飽きない。そしてゲストハウス本部の先の路地には、アパート長屋を改装した2棟続きの巨大なゲストハウスがあり圧巻だ。

中央線の高架をくぐって路地に入り、東小金井駅南口商店街へ。懐かしい雰囲気のこの商店街の一角にあるのが英会話喫茶「ライブチャットカフェ」。コーヒー1杯で英会話が楽しめるユニークな場所で、金、土、日の午後から夜の開店時間には、近所や仕事帰りの客が英会話を楽しみにやってくる。私も英会話の勉強のために何回かここに通ったが、会話の途中で英語が途切れてネイティブ(外国人)の横でじっと聞くか、日本人同士でおしゃべりするかになってしまうのだった。そんなほろ苦い思い出の残るカフェだが、この近辺のインターナショナル(無国籍?)な気分をよりディープに味わうにはいい場所である。

悠久の時間に触れる

商店街を南下して連雀通りを左折し、西武多摩川線の踏切を越えて進むと天文台通りに出る。右折してしばらく進んでから神学大角交差点を右に入った先には、中近東文化センターがある。私たちは中近東と聞くと、すぐにテロとかイラク戦争とか連想して、ちょっとキナ臭い印象を持ちがちだ。しかし実はかの地は、人類最古の文明の発祥の地であり、豊かな文化を育んだ場所でもある。

数千年の時間の厚みと、その中で積み重ねられた智慧と美を感じられる場所が、ここなのである。彩色された陶器のあたたかみや、素焼きの鹿や水牛ののびやかな造形、古代イランの凛々しいグリフォンの飾板、そしてイスラーム世界の息を呑むような幾何学文様、知を受け継ぐ文字の営々たる積み重ねと変遷…。どれひとつ取っても想像以上であり、時間が経つのを忘れて見入ってしまう。

私は感嘆しながら、２００８年にイラクから来日した現代芸術家、カーシム・サブティー氏の語った「たった２００歳そこそこのアメリカにとって、イラク戦争は石油のためだけの戦争じゃない、世界最古の文化を根絶するための戦争だったのだ」(※)という言葉を思い出していた。

あの戦争で一体、どれだけの人類の記憶と宝が灰燼に帰したのだろうか？　その愚かしさを思うと慄然とする。

…と、私はついそんな想いにとらわれてしまうのだが、つまりそれくらい、ここの

古代イランのグリフォンの飾板

※『BE-PAL』(小学館)2009年3月号　辻信一「ナマケモノ文化主義」連載第39回より

展示はすばらしいのだ。入館料８００円以上の体験が得られるだろう。

中近東文化センター向かいのカフェ「小鳥の樹」は、コーヒーとケーキもさることながら、窓の外の眺めが素敵だ。冬には橙色のみかんが枝から下がり、眺めていると得もいわれぬ幸福感に包まれる。

10km足らずの自転車散歩で、少しも大げさでなく、世界旅行に匹敵する体験ができる。ぜひ走ってみてほしい。

● 株式会社ゲストハウス（事務所）
東京都小金井市梶野町4-11-6
0422-51-2277　10時～18時
㊡　水曜

❸ ケーキ屋「トレプチ」
小金井市梶野町2-14-3
0422-53-4051
12時～19時　木・日曜　営業

庭の眺めもすばらしい「小鳥の樹」

Route ❶武蔵境駅→❷ゲストハウス→❸ケーキ屋「トレプチ」→❹英会話喫茶「ライブチャットカフェ」→❺中近東文化センター→❻カフェ「小鳥の樹」

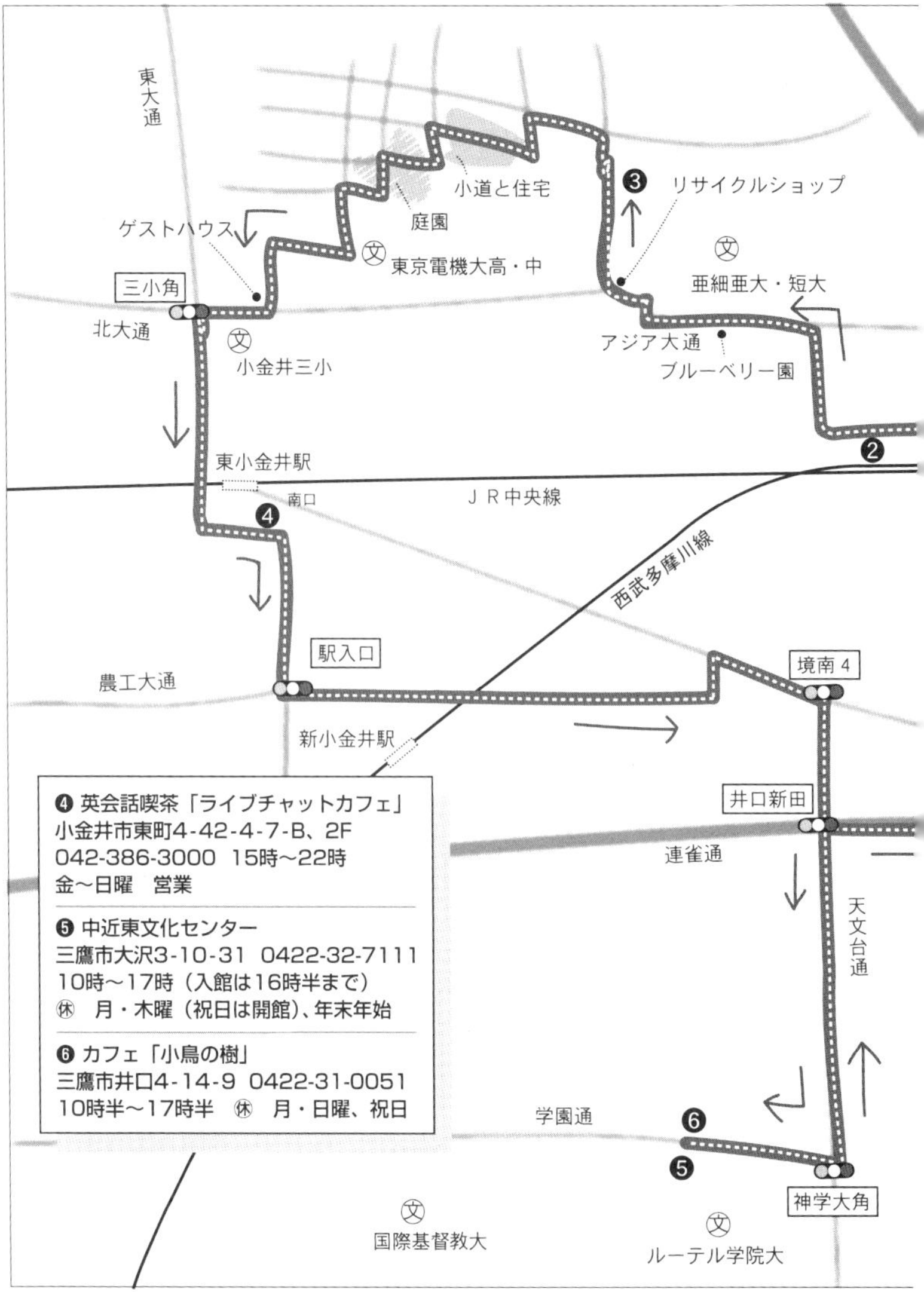

❹ 英会話喫茶「ライブチャットカフェ」
小金井市東町4-42-4-7-B、2F
042-386-3000 15時〜22時
金〜日曜 営業

❺ 中近東文化センター
三鷹市大沢3-10-31 0422-32-7111
10時〜17時（入館は16時半まで）
㊡ 月・木曜（祝日は開館）、年末年始

❻ カフェ「小鳥の樹」
三鷹市井口4-14-9 0422-31-0051
10時半〜17時半 ㊡ 月・日曜、祝日

岡本太郎は墓碑も爆発だ！

テーマをつくって「多摩サイ」を楽しむ

● 距離：約13km
● 所要時間：約2時間
● 難易度：★

■ みどころ ■
川崎市岡本太郎美術館から多磨霊園の岡本太郎の墓碑まで走る。テーマを持って走れば、サイクリングロードはもっと楽しい！

多摩には「多摩川自転車道（多摩川サイクリングロード、通称多摩サイ）」がある。週末や休日には多くの人が行き交うこの自転車道路、川を眺めながら走るのはもちろん気持ち良いけれど、何かテーマを持って走ると、また違った楽しみ方ができる。

多摩の岡本太郎

「芸術は爆発だ！」の芸術家、岡本太郎。彼の作品を見にいったことはあるだろうか。多摩にも彼の作品がある。川崎市岡本太郎美術館は川崎市「多摩」区にあるし、多磨霊園にある岡本太郎とその父一平の墓碑は岡本の作品だ。多摩サイを使うと自転車で一度に両方を見ることができる。

小田急線向ヶ丘遊園駅を出発して、川崎市岡本太郎美術館のある生田緑地へ向かう。最初にここで彼の作品に触れてみよう。生前、岡本から市に寄贈された作品３５２点をもとに展示する施設として１９９９年10月に開館した。絵画や立体作品だけでなく、一世を風靡した「芸術は爆発だ！」の

生田緑地入口

テレビCMなども見ることができ、毎年春には新進のアーティストを発掘する「岡本太郎現代芸術賞展」も開催。港区青山の岡本太郎記念館と並んで、岡本太郎のテーマパークとして存分に楽しめる。岡本太郎の作品は子どもが描いたオバケみたいだが、何にも縛られていない力強さがいいのだ。見ていると頭や体の奥の方で何かがうごめくのがわかる。

生田緑地には、ほかにも青少年科学館のプラネタリウムや日本民家園など見どころが多いが、それらは次回のお楽しみとして、まずは多磨霊園をめざす。

登戸駅手前で高架をくぐり、JR南武線の踏切を渡ると多摩川の土手が現れる。多摩水道橋を渡って左に曲がると、土手の上に続く多摩川自転車道に入る。入ってすぐは細かい砂利道だが、特に問題はない。河川敷の気持ち良さは、一も二もなく空が広いことだ。川に沿って遮るものが何もない。しかも、堰に寄ると聞こえるざあーっという川の流れの音、水面のきらめき。はねる魚。渡り鳥にススキの波。どれをとってもすばらしい眺めであり、癒される。

野球場やサッカー場で試合に興じるチームの様子も楽しい。昼下がりには風呂敷をひろげてランチしていたり、カップルが川面を見つめていたり…。集まってくるのは基本的になごみに来る人なので、そういう人たちが発散するユルい雰囲気のおすそわけにあずかれるのである。ただし、後で書くように最近は多摩サイを中心に人が増えすぎて、ちょっと困ったことになっているのだが…。

京王相模原線、京王閣競輪場、多摩川原橋を過ぎて稲城多摩有料道路の橋の手前で自転車道を降りる。その先でスロープから歩道橋を渡り、

岡本太郎の墓碑。「爆発」しているが、どこかやさしげな「午後の日」

北へ続く道路へ。旧甲州街道を左折し、不動尊前交差点を右に入った先が、多磨霊園正門前へと続く桜並木だ。

岡本太郎は、父岡本一平、母かの子と共に多磨霊園の一角(16区1種17側)に葬られている。太郎の墓碑は、作品「午後の日」(1967年)がそのまま使われている。一平の墓碑も太郎の作だ。ちなみにかの子の墓碑だけ観音菩薩。面白い取り合わせである。

岡本太郎の墓には、彼を偲んで訪れる人が絶えない。中年女性が2人、手を合わせて去っていった。東郷平八郎ら海軍提督の巌のような墓石もある中で、ここだけはほのぼのとした空気が漂っている。死してなお生きる岡本太郎はすごい。最寄り駅は西武多摩川線の多磨駅だが、北に3㎞ほど走ればJR中央線武蔵小金井駅も近い。

土日の多摩サイは気をつけて

さて、多摩川自転車道で「人が増えすぎて困ったことになっている」と書いた点についてだが、週末や休日の多摩サイは、自転車はもちろん、ウォーキングやジョギング、マラソン、犬の散歩、果てはバーベキューなどを楽しむ人などで「ごった返す」状態になっている。

最近の自転車ブームや健康意識の高まりなども影響しているのだろうが、それにしても人が多過ぎる。普通に走っていても、交通量が多くて危険を感じる瞬間がある。昨年も、自民党総裁で自転車議連会長の谷垣禎一衆議院議員が、この多摩サイで事故に遭っている。長年サイクリングを楽しんでいるベテランの谷垣氏でさえ事故に遭うのが、残念ながら多摩川自転車道の実状なのだ（かくいう私も、かつてここで不注意により自転車同士の接触事故を起こしてしまったことがある）。

そんな自身の経験もふまえて、多摩川自転車道を安全に楽しむためのポイントを挙げておきたい。

①歩行者や遅い自転車を無理に追い越さない。対向車線の自転車とぶつかる危険があるので、よく確認してから行う。もしくは、ゆっくりサイクリングに徹する。

②急に加速しない。急に車線変更しない。急に止まらない。急のつく動作はダメ！

③前の自転車や歩行者と十分距離を保つこと。接近しすぎると追突したり、対向車線の自転車が見えづらい。

④前だけでなく、後方確認も行うこと。

⑤土日祝日を避け、比較的空いている平日を選ぶこと。

結論。多摩サイはスピードを出さずに、のんびりと楽しむに限る。

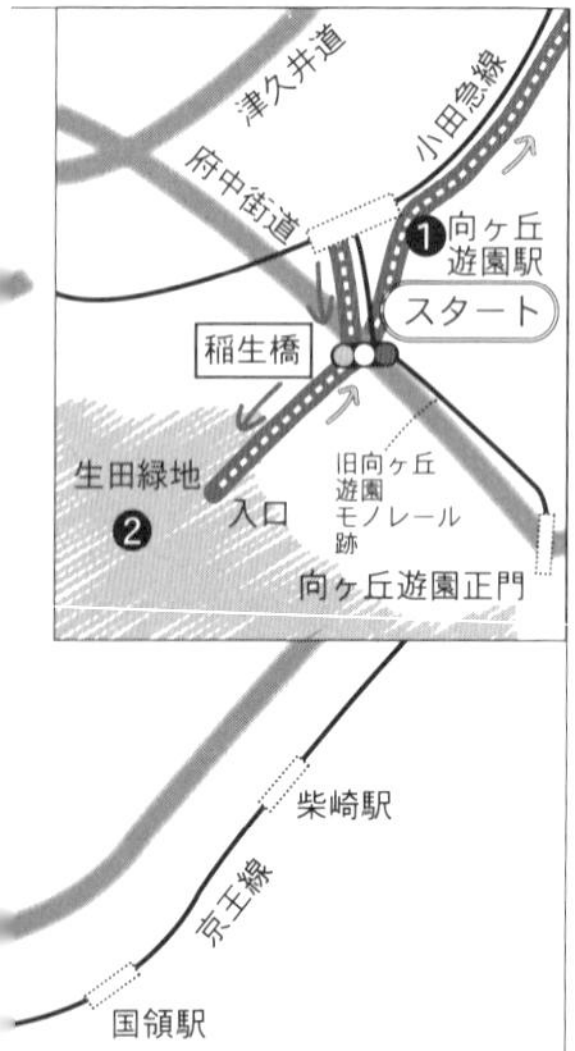

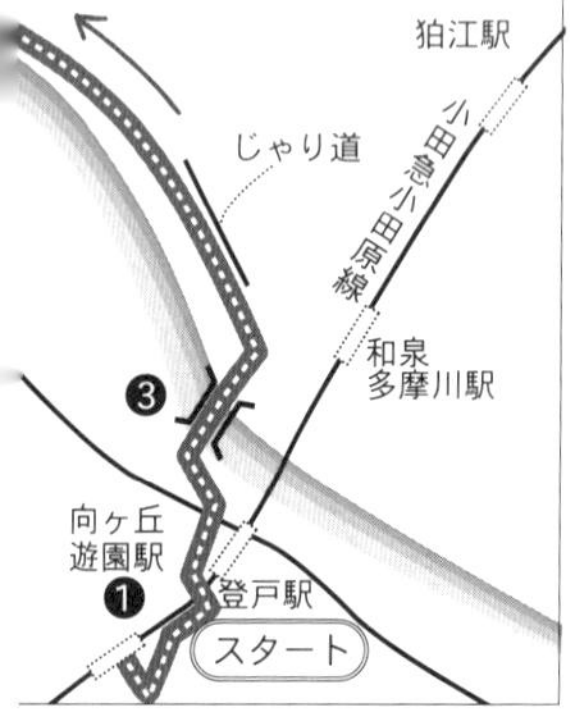

Route ❶向ヶ丘遊園駅→❷川崎市岡本太郎美術館→❸多摩水道橋→❹京王閣競輪場→❺多摩川原橋→❻稲城大橋→❼多磨霊園→❽多磨駅

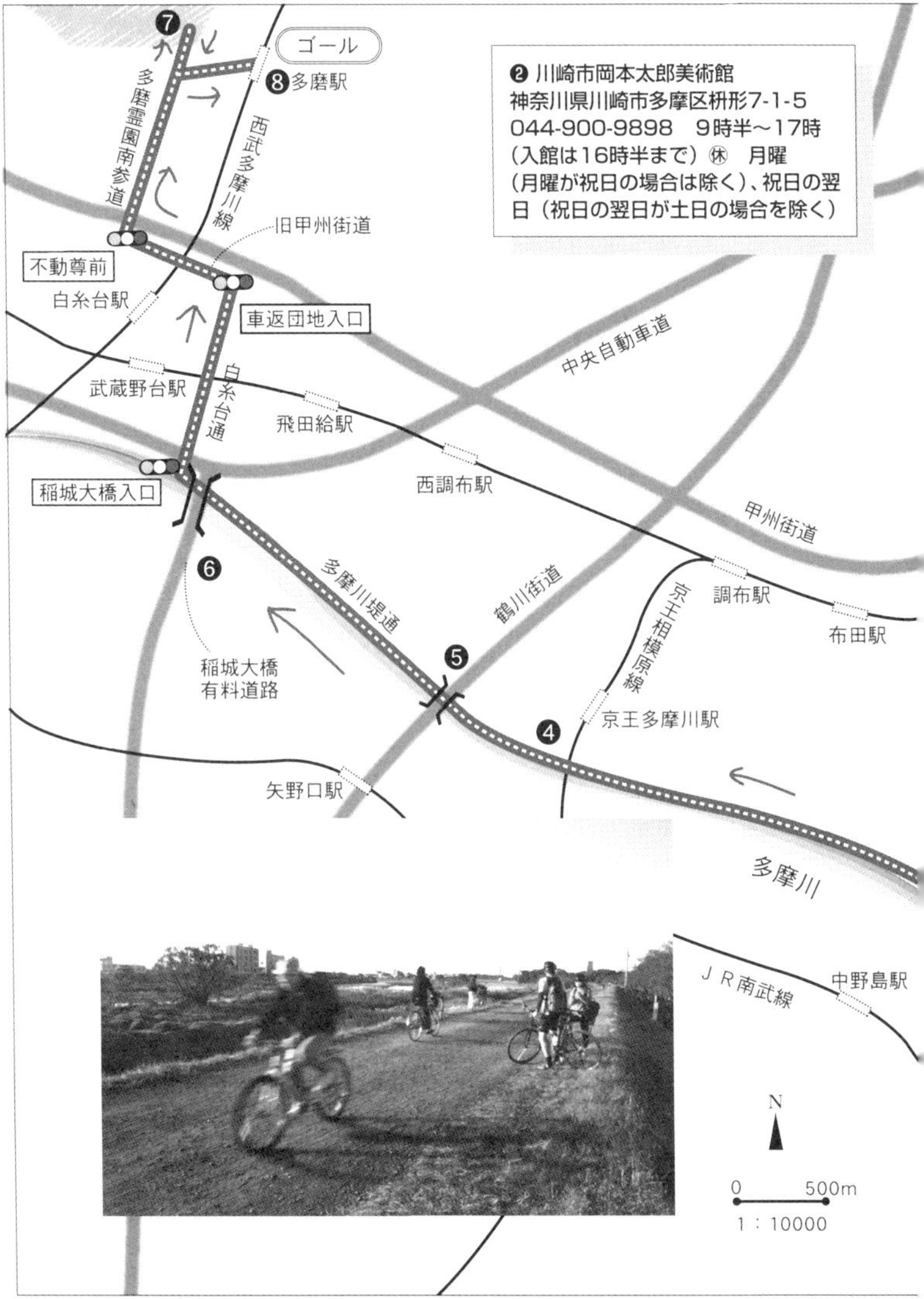

神奈川県川崎市多摩区枡形7-1-5
044-900-9898　9時半〜17時
（入館は16時半まで）㊡　月曜
（月曜が祝日の場合は除く）、祝日の翌日（祝日の翌日が土日の場合を除く）

裏高尾にトンネルは必要?

圏央道トンネル工事箇所を観察

● 距離：約9km
● 所要時間：約2時間
● 難易度：★★

■ みどころ ■
ケーブルカーなどが整備されている「表高尾」ではなく、静かな山村の雰囲気漂う「裏高尾」をめざしてペダルを漕ぐ。

今さら高尾山について、私ごときがあれこれいうまでもないのだが、東京の霊峰にして自然豊かな高尾山は、今日も大勢の登山客と観光客で賑わう。…いや、こと天気の良い週末などは今や「ごった返す」というしかない状態にある。その理由といえばもちろん、ミシュランガイドに「わざわざ訪れる価値がある」という意味の三ツ星つきで紹介されてしまったからだ。

標高わずか599mの、どうってことない低山ではある。しかし、確かに三ツ星がつくだけのポテンシャルは持っている。高尾山に生息する植物は実に1400種類。これだけでイギリス1国分に匹敵する豊かさだ。夜にはムササビが出没し(見たことはないけれど)、山の北面には東北などの寒い地域でしか生育しないとされるブナの樹林もある。都心から電車1本、1時間で行ける近さにこれだけの生態系が保たれているのは、海外からすれば「奇跡」に映るらしいのだ。

裏高尾は静か

しかしこれだけ注目されて人気が出ると、あまのじゃくな私はあまり行きたい気がしないのだ。

何といっても山の中なのに押すな押すなの人の列、というのが耐えられない。それに、いかに自然が豊かだといったって、そんなに人が押しかけては多少なりとも傷つけてはいまいか、と気になる。だから行くとしたら裏高尾だ。裏高尾はいいぞ、行列とかないし。緑も豊かで静かだし。ということで、今回はJR中央線高尾駅北口を起点に、裏高尾の登山口まで往復してみよう。

まずロータリーを出て甲州街道を左折し、中央線をくぐった先の交差点（Y字路）を右折。旧甲州街道に入る。入ってすぐにゆるやかな上り坂となり、これは登山口まで続く。右側に中央線と中央高速道路を眺めつつ進む。中央道から聞こえるクルマの騒音にやや興をそがれるが、それでも両側に山が迫る明るい谷間を自転車で行くのは気持ちがいい。このあたりは山村の趣《おもむき》もあり、本格的なサイクリングの気分を楽しめる。

左側には清流が流れているので、適当な場所でペダルを止めて覗き込んでみよう。流れに磨かれた川底がはっきりと見え、さあーっという川の音も気持ちいい。場所によっては散策路もあるので、川沿いを歩くのも楽しいだろう。カワセミなどの野鳥にも会えるかもしれない。また、街道沿いには湧き水を引いた水場もある。クルマにポリタンクを積んで水を汲んでいる人に出会った。話を聞くと「おいしいからよく汲みに来る」のだとか。私もひと口含むと、柔らかい味がした。

再び自転車に乗って進むと、前方に大きくうねった高架橋が見えてくる。圏央道と中央道が接続するジャンクションだ。その大きさにびっくりするが、私としては「山奥にこんなものつくるなよ」と違和感で一杯だ。見れば、向かって左側の高尾山の山腹を削って何やら工事の真っ最中である。実は、圏央道を神奈川県厚木市内で東名道と接続させる工事の一環で、高尾山をぶち抜いてトンネルを掘る作業が行われているのだが、これが世論の注目を集めているのだ。

　高尾山は地層が縦方向に走るため、トンネルを掘ることで地下水位が低下して豊かな植生に大きな影響が生じる危険性があるのだが、事業主体の国はそれを否定しているのである。２００８年秋に高尾山の南側のトンネル工事現場で崩落事故が発生し、掘削作業は中断していたが、翌09年に再開され、沢の水が涸れるなどの影響が出ているという。

　そこから少し行くと「するさしのとうふ」という看板が見えてくる。峰尾豆腐店。ここの豊富な地下水を使って豆腐をつくっているのだ。イチオシは寄せ豆腐。タレも売っているから、夏の暑い日にはその場でいただくのもたまらない。軽い食感が身上のおからドーナツも、おいしくてつい食べ

こんな清流が残っていたなんて。旧甲州街道脇にて

過ぎてしまう。このおいしい「するさしのとうふ」も、工事の影響で地下水が使えなくなる恐れがある。今さらダムでも高速道路でもないと思うが、ここ高尾山にもこうして巨大開発の影響がおよぶ。

高尾山の自然が豊かなのは古来より霊山として開発が禁じられてきたためでもあり、そこには古人《いにしえびと》の何らかの智慧があったはずである。今、利便性だ合理性だと理由をつけてこの山に手をかけようとしているが、トンネル崩落事故のような災いが起きないか心配だ。何よりも、工事がこの気持ちのいい景観と自然を壊して憚らないことに憤る。

ツリーハウス「高尾ツリーダム」

ツリーハウス

さらに進むと日影バス停が見えてくる。正面の小山を左にまわりこむように道が続き、その先に川を渡って左へ続く林道が現れるので、そちらへ入る。砂利道で勾配もあるので、シティサイクルや細いタイヤのスポーツサイクルであれば押して歩くか、林道入口の駐車場に停めて徒歩で進んでも良い。５００ｍほど進んだ先にある林野庁管理の「日影沢キャンプ場」が今日のコースの折り返し点であり、実質的なゴールだ。水場やトイレが利用でき、事前に申し込めば無料でキャンプできる穴場的存在のここは、裏高尾ハイキングの拠点としても使える。

この林道をそのまま登っていけば、高尾山頂へと続く登山路になっている。上り坂は少々しんどいが、静かで山深い豊かな自然が、こんなに近くにあるのだということを感じてもらえたらと思う。その代わり、帰りはずっと下りだから楽だ。この林道と旧道の合流地点で、上を見てほしい。森の木の上に小屋が見えるはずだ。高尾の自然を楽しむＮＧＯ「虔十《けんじゅう》の会（※）」がつくったツリーハウス、その名も「高尾ツリーダム」である。私有地にあるため普段は入れないが、グループが週末に行うイベントでは見学が可能だ。

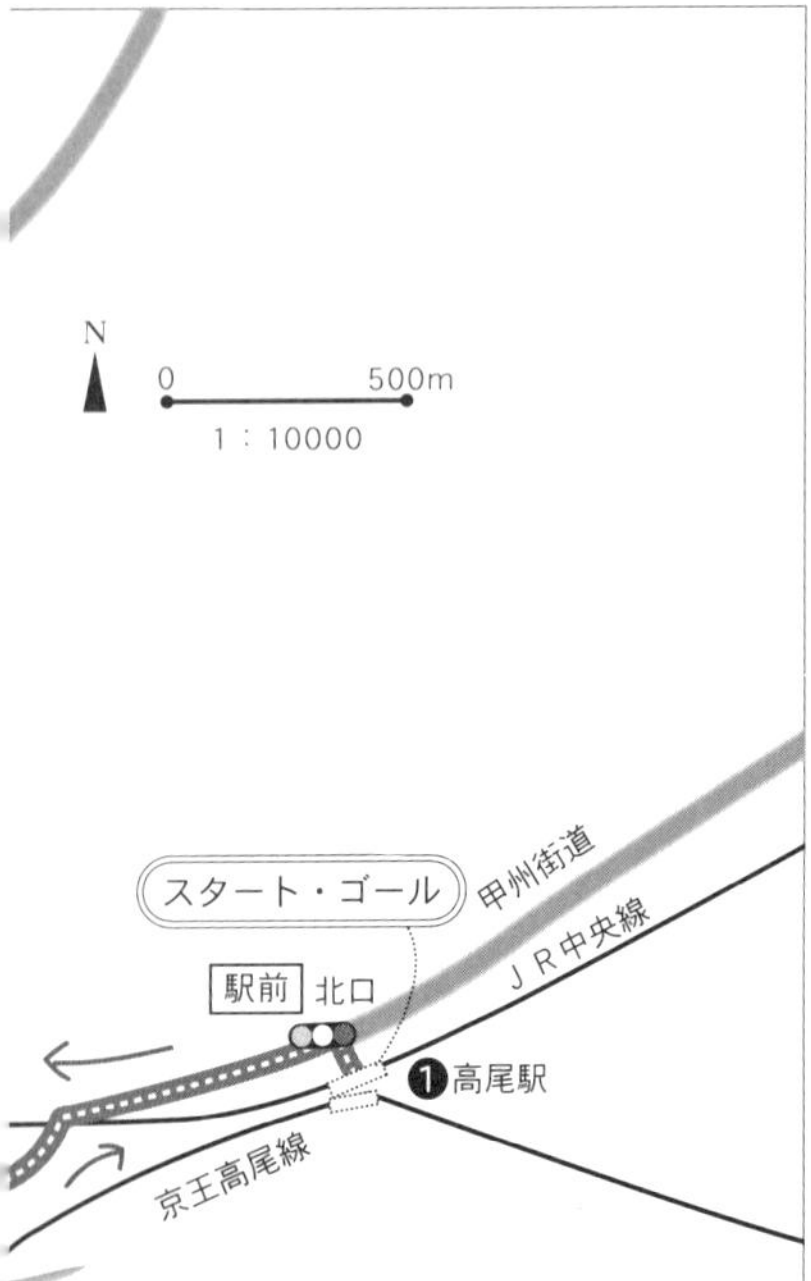

※ 虔十の会ウェブサイト　http://homepage2.nifty.com/kenju/

Route ❶高尾駅→❷圏央道工事現場→❸峰尾豆腐店→❹ツリーハウス→❺日影沢キャンプ場

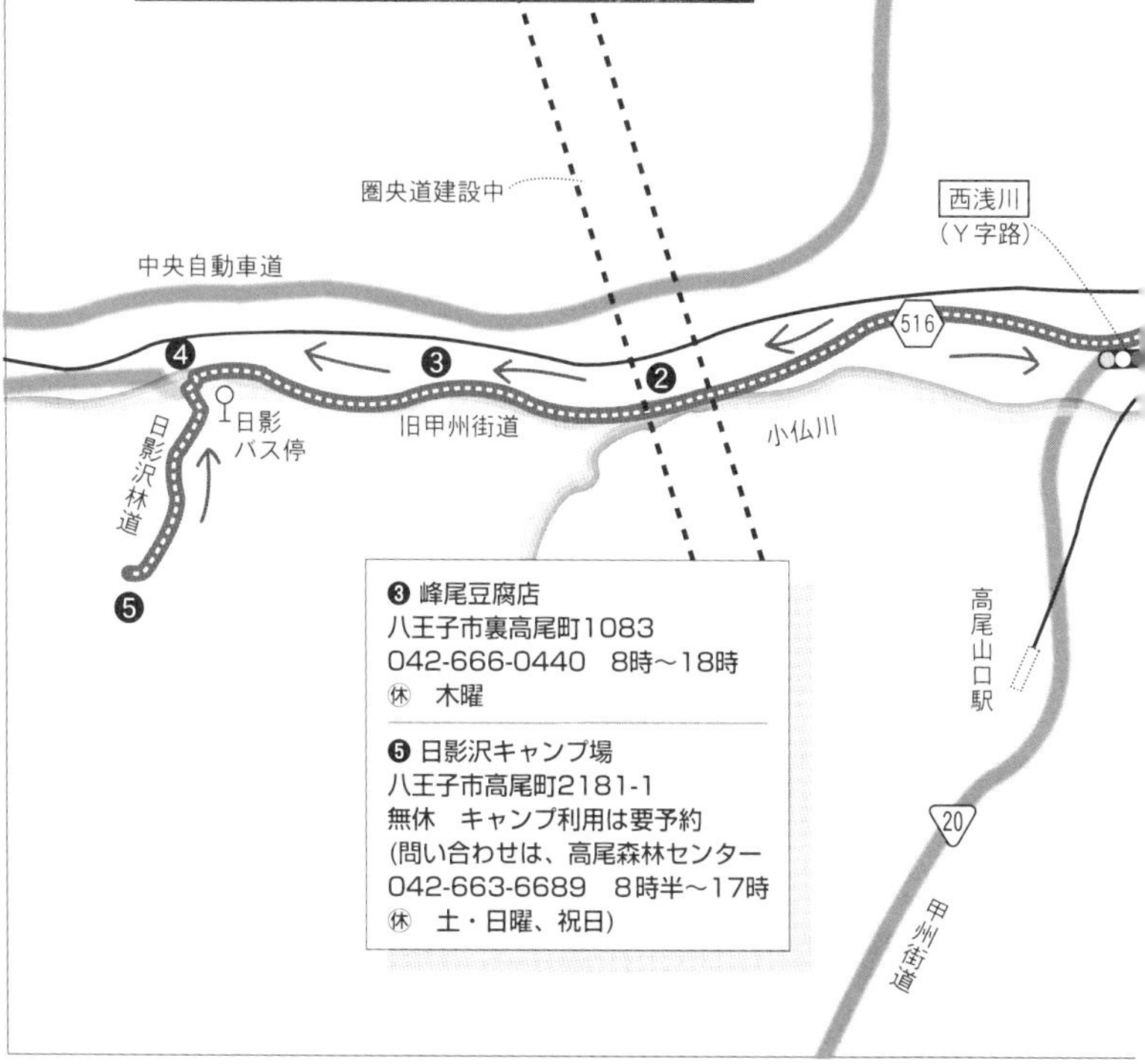

❸ 峰尾豆腐店
八王子市裏高尾町1083
042-666-0440　8時～18時
㊡　木曜

❺ 日影沢キャンプ場
八王子市高尾町2181-1
無休　キャンプ利用は要予約
(問い合わせは、高尾森林センター
042-663-6689　8時半～17時
㊡　土・日曜、祝日)

三億円事件・迷宮の現場へ

事件発生現場、証拠品発見現場をゆく

● 距離：約11km
● 所要時間：約2時間
● 難易度：★

■ みどころ ■
迷宮入りしたあの三億円事件は今から40年以上前、多摩の地で起きた。犯人は、そして3億円はどこへ？

日本中を震撼させた三億円事件が起きたのは今から40年以上前、1968(昭和43)年の12月10日のことだった。その鮮やかな手口といい、たくさんの遺留品を残しながらも時効を迎えたいきさつといい、何より3億円という巨額さ(現在の価値にして30億円前後)といい、昭和最大のミステリーとして人々の耳目を集めた事件だ。この事件はほかでもない多摩で起きた。ならば犯人の犯行および逃走経路を、自転車でたどってみたらどうなるだろうか？　そんな疑問から今回のコースを組み立ててみた。

ダーク・ヒーロー

出発は国分寺駅北口の、何の変哲もないコンビニの前である。犯人が狙った現金輸送車はここから東芝府中工場をめざして発車した。かつて日本信託銀行国分寺支店があった場所だ。輸送車は国分寺街道に出て、中央線をくぐり南へ。犯人は出発直後から輸送車をマークしていたと見られる。その経路にしたがってペダルを漕ぐ。見慣れた風景が、犯人の目線、犯人を追う刑事の目線で見

ると、俄然緊張を帯びるから不思議だ。3億円は今でも十分に大きい額だが、貨幣価値が変わり、しかも巨額の不正事件が頻発している現代では決して驚くような額ではない。けれども私が小さい頃、「三億円」のインパクトは今よりもずっと大きかった。当時私は頭の中で自分を犯人に置き換え、3億円もあれば一生遊んで暮らせる、とか、銀行に預ければ利子だけで食べていけるかも、なんて、子どもながらに下世話な想像力をたくましくしたものだった。今思えば全くもって不謹慎というほかないのだが、犯人をまるでダーク・ヒーローのごとく見ていたのは事実だ。屈折した懐かしさとともに思い出されるのが三億円事件なのである。

土地勘ある犯人

ダーク・ヒーローといえば、その犯行の手口は実によく練られている。路地にあらかじめニセ白バイを隠しておき、現金輸送車に先回りして乗り換え、再び追いついて「爆弾だ!」とウソをついて奪い取る。緊急配備網が敷かれることを念頭に2台も逃走車両を準備し、結果的に追尾を振り切ってまんまと逃げおおせた。その鮮やかさには刑事ならずとも舌を巻く以外ない。

白バイを隠した場所(通称第3現場)は、国分寺街道と東八道路との交差点につながる路地を入った先の、すぐ右側にある空き地だ。当時のままではないが、今も雰囲気は残る。この路地を進むと学園通りに出る。現金輸送車は国分寺街道を直進して学園通りを右折するので、そのことを見越しての準備である。

学園通りを進むと左側に府中刑務所の壁が見えてくる。ここが歴史に名高い三億円事件の発生現場（第1現場）だ。そのことを記すパネルか何かがあるかとも思ったが、やはりない。40年前のこととはいえ、捜査当事者も存命している中で、きっと事件の記憶が生々しすぎるのだろう。学園通りの電柱の路線名はかつて「三億」といったそうだが、すでに変更されたらしく、電柱にそうした痕跡は見つけられなかった。

犯人が奪った現金輸送車は府中街道を右折すると、東八道路の先の路地にもぐりこんで武蔵国分寺跡（第2現場）で用意しておいた逃走車両に乗り換える。事件当日は雨が降っており、犯人は細い道を高速で走ったために通行人に泥をはねて警察にナンバーを通報されている。その路地と、武蔵国分寺跡付近は、

駐車場になっている第3現場付近

当時と景色が大きく変わっていないように思われた。

犯人は乗り換えた逃走車で地元農家の車と接触事故を起こしそうになるが、そのときの目撃以降、逃走経路は掴めていない。そして逃走車は4ヶ月後、小金井市の本町団地内駐車場に放置されているのが発見された。航空自衛隊機が事件翌日に偶然撮影した航空写真には、逃走車両が写っていたという。

最短距離で本町団地へ行ったと仮定して、武蔵国分寺跡からさらに走る。元町通りを東に進み、東京経済大学脇の坂を上がって中央線高架をくぐり、新小金井街道などを経由すると本町団地にたどり着く。犯人は団地内の公園に隣接した駐車場(第4現場)でもう一度車両を乗り換えてさらに逃走。杉並区で検問を突破されたのが最後の目撃となった。

歴史に名高い、三億円事件発生現場。左は府中刑務所

逃走車が見つかった第４現場（公団本町団地駐車場付近）

こうして走ってみると、比較的狭い区域内で動きまわっているのがわかる。逃走経路や車両の配置など、これは土地勘のある人間の仕業としか考えられない。

ちなみに今回のコースには組み入れていないが、団地駐車場に残された現金運搬用のジュラルミンケースに付着していた土は、そこから西に３㎞ほど離れた、国分寺市恋ヶ窪付近の雑木林のものである可能性が高いと鑑定された。

警察は容疑の濃い人物にたどり着くかのようにも見えたが、しかし結局、逮捕に至らず事件は迷宮入りとなった。３億円はどこに消えたのか、そして犯人は…。

またこの事件は、誤認逮捕による報道被害が発生した点においても、歴史に記憶される事件となったのである。

Route ❶国分寺駅→❷コンビニ前(日本信託銀行国分寺支店があった場所)→❸第３現場→❹第１現場→❺第２現場→❻第４現場

あとがき

多摩に暮らして三年半。畑や雑木林が多く残り、自然豊かなこの地が好きだ。

私が生まれ育った埼玉県志木市は、野火止用水によって多摩と結ばれていた。小さい頃に見た、田畑と雑木林がおりなす武蔵野の風景が、私の原風景だ。私にとって、多摩は第二の故郷なのである。

そんな多摩の良さを自転車で散策、探検するという切り口で紹介したい。そんな思いであちこちを走った。宝物のような思いがけない情景に出会うこともあれば、開発によって自然が切り刻まれる痛々しい光景を見せつけられもした。良くも悪くも多摩の現在を、私なりの視点で活写したのが本書ということになるだろうか。

この本を片手に自転車で走り、移りゆく多摩の風景から何かを感じ取っていただければ幸いだ。

ところで本書は、記念すべき人生初の著書である。過剰な思い入れが鼻につくように感じられるとしたら、ひとえに筆者の至らなさとお許しいただきたい。

刊行にあたり、まず撮影やインタビューなどの取材に快く応じてくださった店舗ならびに公共機関の各位の皆様にお礼を申し上げたい。また、編集担当の石本理彩さんは私の遅筆とわがままに実にじつに辛抱強く耐えてくださり、申し訳ない気持ちで一杯だ。本当に有り難うございます。そして今回、執筆と出版の機会を与えてくださった宮前澄子さんには深甚なる謝意を表します。

最後に、常に私の執筆を支えてくれたパートナーの長谷登貴子にも有り難うをいいたい。

２０１０年春、小金井にて

斉藤　円華

著者紹介

斉藤　円華（さいとう・まどか）

1973年生まれ。

会社勤めを経て2008年にジャーナリスト／ライターとして独立。市民運動に参加した経験などを生かして、地域や自転車、環境を主なテーマに執筆活動を行っている。スローライフ研究家として持続可能なライフスタイルも提案中。

雑誌では『サイクルスポーツ』『バイシクルナビ』『オルタナ』『週刊金曜日』『アクティオ』、ウェブサイトでは「地球のココロ」(ニフティ)「greenz.jp」などで執筆。

ジャーナリスト集団「ufp(united feature press)」会員。

〈ブログ〉　http://mdk-on-line.jugem.jp/

〈ツイッター〉　http://twitter.com/mdk_on_line

多摩のまち　自転車探検

2010年5月5日　第1刷発行

著　　者　斉藤　円華

発 行 者　清水　定

発 行 所　株式会社 けやき出版
〒190-0023 東京都立川市柴崎町3-9-6 高野ビル
TEL 042-525-9909　FAX 042-524-7736
http://www.keyaki-s.co.jp

D T P　有限会社 明文社

印 刷 所　有限会社 明文社

ISBN978-4-87751-408-2 C0026